박종훈의 대담한 경제

박종훈의
대담한 경제

박종훈 지음

21세기북스

차례

4장 ─ 세금
세금은 군대보다 더 무서운 무기다

5장 — 빚

이미 당신에게는 2000만 원의 빚이 있다

9장 — 청년

21세기 가장 소중하고 강력한 자원, 청년

대한민국 경제, 도대체 무엇이 문제인가?

마술사는 대부분 자신의 비밀을 털어놓지 않으려고 한다. 일단 마술의 비밀을 털어놓으면 신비감은 모두 사라지고 단순한 속임수임이 드러나기 때문이다. 하지만 '세기의 마술사'로 불렸던 해리 후디니 Harry Houdini는 오히려 자신의 마술이 모두 속임수라는 것을 강조했던 독특한 마술사였다.

1874년 헝가리에서 유대교 랍비(Rabbi, 율법교사)의 아들로 태어난 후디니는 네 살 때 부모와 함께 미국으로 건너와 서커스와 마술을 배우며 자랐다. 그리고 20대 후반이 되면서 긴박한 상황에서 탈출하는 마술로 세계적인 명성을 얻기 시작했다. 후디니는 손과 발에 수갑과 족쇄를 차고 강물로 뛰어들거나 도난 방지용 은행 금고에 들어가 탈출하는 놀라운 마술을 보였다.

그런데 그가 한창 활약하던 1910년대에는 죽은 사람을 불러낼 수 있다는 심령술Spiritualism이 큰 인기를 끌고 있었고, 후디니의 마술은 신비스러우리만큼 놀라웠기 때문에 당시에는 그가 당대의 어떤 심령술사보다도 강력한 초자연적인 힘을 지니고 있다고 믿는 사람들이 많았다. 심지어 그의 친구이자 『셜록 홈즈』의 저자인 아서 코난 도일Arthur Conan Doyle은 그가 신통력을 지닌 심령술사라 굳게 믿어 자백하라고 강요하기도 했다. 하지만 후디니가 자신의 마술은 눈속임일 뿐이라며 심령술이란 존재하지 않는다고 부인하자, 결국 둘 사이의 우정에 금이 갔다.[1]

후디니는 스스로 심령술사라고 인정하기만 하면 더 많은 부와 명성을 얻을 수 있는 상황이었다. 그러나 그는 자신이 신통력을 갖고 있다고 속이기는커녕 오히려 심령술의 거짓을 파헤치기 위해 자신의 인생을 바치기 시작했다. 그 뒤 후디니는 여러 차례에 걸친 공개 대결에서 심령술사들에게 승리했고, 심령술사들이 어떻게 대중을 속이는지 직접 시연하기도 했다.

하지만 이 같은 노력에도 불구하고 심령술을 믿는 사람들은 전혀 줄어들지 않았다. 더구나 당시 심령술사들은 후디니의 탈출 마술까지 이용해 일반인들을 현혹하고 돈을 뜯어내는 일이 적지 않았다. 더 이상 참지 못한 후디니는 자신의 탈출 마술의 비밀을 스스로 밝히는 『기적의 마술사와 그들의 비밀Miracle Mongers and Their Methods』이라는 책을 출판했다. 그리고 미국 전역을 돌면서 심령술사들의 속임수를 밝혀내기 위한 외로운 싸움을 시작했다.

말년에 건강이 점차 악화되자, 후디니는 자신이 죽은 뒤에 심령술사들이 자신의 영혼을 불러냈다며 대중을 속일 것을 염려했다. 그래서 죽기 전에 아내인 베아트리체Beatrice와 미리 둘만의 암호를 정해놓고, 사후에 자신을 불러냈다는 심령술사가 나타나면 그 암호를 말해보라고 요구하기로 했다.

실제로 그의 사후에 많은 심령술사가 후디니의 영혼을 불러냈다고 주장했지만, 아무도 암호를 맞히지 못했다. 베아트리체는 후디니가 숨진 지 17년 뒤인 1943년, 그를 불러내려던 모든 심령술은 실패했다고 공식 선언했다. 이 같은 후디니의 노력 덕분에 한때 미국과 유럽인들을 사로잡았던 심령술은 서서히 힘을 잃어갔다.

우리 경제는 한때 세계에서 유례를 찾아보기 어려울 정도로 놀라운 성장을 해왔다. 이처럼 빠른 속도로 성장할 수 있었던 데에는 여러 가지 원인이 복합적으로 작용했지만, 그 중에서도 젊은 인구 비중의 급격한 증가와 '빠른 추격자 전략'의 성공이 우리 경제의 도약에 큰 역할을 해왔다. 하지만 최근 들어 이 두 가지 강점은 오히려 약점으로 전락하고 말았다.

1970년대 이후 본격적으로 경제활동을 시작한 베이비붐 세대는 풍부한 노동력을 제공함과 동시에 거대한 소비 시장의 역할을 했다. 덕분에 소비와 투자, 생산이 동반 급증하는 선순환의 고리가 만들어졌다. 더구나 이들이 경제 호황 속에서 벌어들인 소득으로 부동산과 주식투자에 나서면서 자산 가격이 지속적으로 상승하는 대호황이 일어났다.

그런데, 우리 경제의 견인차였던 인구 구조가 급속히 무너지고 있다. 지속적으로 늘어나던 생산가능인구(15~64세 인구) 비중은 2012년부터 정체되기 시작해 2016년부터는 본격적으로 감소하기 시작할 것이다. 이에 따라 우리나라의 소비 시장이 줄어드는 것은 물론 혁신의 속도가 둔화되어 경제도 활력을 잃어버릴 수밖에 없다.

가장 큰 문제는 장기 실업이나 비정규직으로 내몰린 청년세대가 완전히 소외되어 있다는 점이다. 이는 장기적으로 청년들의 생산성 저하는 물론 내수 시장의 급격한 축소를 가져오게 될 것이다. 더구나 경제적 기반이 취약한 청년들이 치솟는 집값과 양육비 때문에 출산을 기피하면서 미래세대가 더욱 감소하는 악순환이 시작됐다. 이 같은 상황은 장기적으로 우리 경제를 더욱 깊은 불황의 늪으로 끌고 들어갈 것이다.

또 다른 문제는 글로벌 금융 위기 이후 혁신이 한계에 부딪치면서 전 세계적으로 생산성 향상의 속도가 빠르게 정체되어가고 있다는 점이다. 전 세계적으로 기술혁신의 속도를 가늠할 수 있는 총요소생산성[2]은 2007년 이후 급속히 낮아지면서 2013년에는 마이너스 성장을 할 정도로 추락했다.

이처럼 혁신의 속도가 더뎌지면 '빠른 추격자 전략Fast Follower

Strategy'을 기반으로 성장해왔던 우리나라도 큰 타격을 받을 수밖에 없다. 빠른 추격자 전략이 성공하려면 무엇보다 시장 선도자First Mover의 지속적인 혁신이 필수적이다. 만일 혁신의 속도가 더뎌지면 우리보다 한 발 늦게 추격을 시작한 중국과 인도에게 추월당할 위험이 더욱 커질 것이다.

이처럼 우리 경제에 저성장이 고착화되기 시작하자, 정부는 온갖 경기 부양책으로 거품을 키워서라도 과거 고성장 시대의 영화榮華를 되찾으려는 위험한 도박에 나서고 있다. 하지만 왜곡된 경제구조를 그대로 둔 채, 돈을 풀어 경제를 되살릴 수 있다는 생각은 덧없는 허상에 불과하다. 지금처럼 구조적으로 저성장이 고착화되어가는 상황에서 대대적인 양적 완화와 재정지출 확대만을 고집하다가는 결국 빚더미만 끝없이 불어날 뿐이다.

가장 위험한 것은 경제가 점점 불황에 빠져들수록 경제 관료들이 자신의 임기만 넘기고 보자는 '님티(NIMTE, Not In My Terms)'의 유혹에 빠지는 것이다. 이 같은 유혹에 빠진 정부는 당장 빚더미를 불려서라도 오늘의 불황을 내일로 전가시키는 위험천만한 선택을 할 가능성이 크다. 그 결과 당장 자기 임기만은 넘길지 몰라도 그 뒤에 찾아오는 경제 불황은 더욱 처참하게 우리를 짓누를 것이다.

끝없는 경기 부양책과 저금리 정책으로 당장 눈앞의 주가나 집값이 치솟으면 불황이 끝나고 경제가 안정을 찾아가는 신호로 착각할 수 있다. 하지만 저성장의 늪에 빠진 경제구조를 그대로 방치한 채 국민에게 빚더미를 떠안겨 당장의 위기만 모면하려 한다면, 이는 화려한 무대와 언변으로 사람들을 속이는 심령술사와 큰 차이가 없을 것이다.

특히 저성장 시대가 되면 심령술사처럼 엄청난 수익을 약속하며 당신을 현혹할 수 있다. 그러나 만일 이 같은 심령술에 취해 자산을 맡겼다가는 머지않은 미래에 큰 낭패를 당할 수 있다. 과거 고성장·고수익 시대에는 손해를 봤더라도 빠르게 이를 메울 수 있었겠지만 앞으로 저성장·저수익 시대가 고착화되면 손실을 회복하기가 정말 쉽지 않을 것이다.

이런 어려운 상황에서 자신을 지키고 오히려 역전의 기회로 삼는 방법은 누구보다도 먼저 정확한 정보를 획득하고, 이를 활용할 수 있는 힘을 키우는 것이다. 이 책이 심령술사가 혹세무민惑世誣民하던 세상에서 진실을 밝히려 했던 후디니의 책처럼, 다양한 정보와 새로운 시각을 통해 독자들이 보다 종합적인 판단을 할 수 있도록 돕고 더 나은 미래를 설계하는 데 보탬이 되기를 바란다.

정부는 왜 눈앞에 닥친
위기도 못 보는가?

"
시대는 급변하는데
정부는 과거의 영광만을 쫓고 있다.
거대한 변화의 흐름을
어떻게 읽어야 하는가?
"

그들이 경제 위기를
예측하지 못하는 이유

한국은행이 2015년 6월 전격적인 금리 인하를 단행해 기준금리가 사상 최저치인 1.5%로 떨어졌다. 이에 최경환 경제부총리 등 많은 경제 관료가 이번 기준금리 인하가 경기 회복에 도움이 될 것이라며 크게 환영했다. 이처럼 고위 경제 관료들 중에는 금리를 낮게 유지하면 일본과 같은 장기 불황을 피할 수 있을 것으로 믿는 사람이 적지 않다.

우리 경제 관료들이 흔히 장기 불황의 반면교사反面教師로 삼는 나라가 바로 일본이다. 1989년 당시 일본 정부가 금리를 인상하고 대출 총량을 규제한 직후 경제 거품이 붕괴되면서 장기 불황에 빠져들었다. 이 때문에 일본의 버블 붕괴 과정을 피상적으로만 볼 경우에는 금리 인상만 최대한 늦추면 파국을 막을 수 있다고 착각하기가 쉽다.

하지만 일본이 장기 불황에 빠져든 근본 원인은 금리 인상이 아니라 빚더미로 지탱하던 일본 경제의 불균형이 이미 '임계상태Critical State'에 다다랐기 때문이었다. 당시 일본 경제는 아주 작은 경제 여건의 변화만으로도 언제든 붕괴될 수 있는 상황이었기 때문에, 금리 인상은 거품 경제를 터뜨리는 단순한 방아쇠Trigger가 되었을 뿐이다.

2015년의 한국 경제도 천문학적으로 불어난 빚더미가 이미 임계상태에 가까워지고 있다는 점에서 1989년의 일본과 큰 차이가 없다. 이 때문에 금리만 낮춘다고 해서는 최악의 경기 불황이 닥쳐오는 것을 근본적으로 막을 수 없다. 그렇다면 임계상태의 경제는 언제 어떻게 무너지는 것일까? 베를린 장벽의 붕괴 과정을 보면 임계상태의 경제가 어떻게 무너지는지를 가늠할 수 있을 것이다.

임계상태의 경제는
'베를린 장벽'처럼 붕괴된다

동·서독 분단 이후 동베를린에서 서베를린으로 탈출하는 사람들이 적지 않았다. 이 때문에 1961년 동독 정부는 군대까지 동원해 국경을 폐쇄하고 높은 콘크리트 장벽을 쌓았다. 그리고 감시탑과 비밀 경찰까지 동원해 이 베를린 장벽을 지켰다. 1989년 1월, 당시 동독 수상인 에리히 호네커Erich Honecker는 이 베를린 장벽이 50년은 물론,

100년이 지나도 굳건히 유지될 것이라고 큰소리를 쳤다.

그런데 그 철통같은 베를린 장벽을 무너뜨린 것은 대규모 전투나 첨단 무기가 아니라 당시 동베를린 서기장의 아주 사소한 말실수였다. 1989년 동독의 경제 불황이 점점 심각해지자 더 많은 동독 주민이 헝가리를 통해 서독으로 탈출하기 시작했다. 이에 동독 정부는 국경 수비를 더욱 강화하여 베를린 장벽을 철통같이 지켰지만, 주민들의 불만이 점점 커지면서 동독 사회가 동요하기 시작했다.

마침내 서독으로의 국경 개방을 요구하는 대규모 시위 사태까지 일어나면서 동독의 불안 상황은 점점 더 임계상태로 치달았다. 이처럼 위태로운 상황 속에서 1989년 11월 9일 오후 6시 50분, 동베를린의 공산당 서기장인 귄터 샤보프스키Gunter Schabowski는 동독 주민들을 달래기 위해 여행 자유화 조치를 발표했다. 동독 주민들의 해외여행 비자 신청 요건을 완화한다는 내용이었지만 실제로 비자 신청을 해봤자 좀처럼 허가를 받을 수 없는 생색내기용 조치에 불과했다. 이 때문에 동독 기자들은 물론, 거의 모든 서방 기자들은 이를 대수롭지 않게 여겼다.

하지만 이 조치를 완전히 새로운 조치라고 생각한 이탈리아의 리카르도 에르만Riccardo Ehrman 기자는 집요한 질문 공세를 퍼붓기 시작했다.[1] 특히 마지막 질문으로 "언제부터 여행 자유화 조치가 시작되느냐?"고 물었다. 사실 다음날부터 비자 신청이 가능했지만, 계속된 질문 공세에 지친 귄터 샤보프스키는 머뭇거리며 "그건… 내가 아는 한… 지금 당장입니다."라고 대답했다. 내일부터 시작되는 비자 신청을 지금 당장 시작된다고 말한 아주 사소한 말실수였지만, 여행 자체가 당장 자유화된다는 엄청난 오해를 불러일으켰다.

질문 공세를 퍼부었던 에르만 기자는 기자회견이 끝나자마자 허둥지둥 로마의 본사로 전화를 걸어 '베를린 장벽이 무너졌다The Berlin Wall has collapsed'는 제목의 기사를 실어달라고 요구했다. 담당 데스크는 "멀쩡한 장벽이 무너지다니 정신이 나갔냐"며 기사를 싣지 않으려 했지만, 에르만은 현장의 기자를 믿고 기사를 실어달라며 큰 소리를 쳤다.[2] 결국 그의 고집에 넘어간 이탈리아 언론사는 그의 기사를 긴급뉴스로 타전했다.

다른 언론들도 특종에 뒤질세라 앞다퉈 기사를 쓰기 시작했다. 심지어 미국의 주요 방송국인 NBC는 "내일 아침부터 동독 사람들이 아무런 제한 없이 베를린 장벽을 통행할 수 있게 되었다"며 자세한 해설을 덧붙이는 어이없는 일까지 일어났다. 이처럼 베를린 장벽이 무너졌다는 외신이 쏟아져 들어오자, 서독 방송국들도 메인뉴스에 '베를린 장벽 철폐'라는 충격적인 소식을 전했다.

별일 아닌 해프닝으로 끝날 수 있었던 말실수가 세계사를 바꾼 것은 바로 그날 밤이었다. 당시 서독 방송국의 뉴스를 몰래 집에서 보고 있던 동베를린 주민들은 내일부터 베를린 장벽이 자유롭게 넘나들 수 있다는 뉴스가 방송되자, 다들 몹시 흥분하고 말았다. 결국 샴페인을 꺼내들고 거리로 나선 시민들은 축제 분위기 속에서 베를린 장벽으로 쏟아져 나왔다. 베를린 장벽이 무너졌다는 확신에 차서 환희의 노래를 부르는 군중이 장벽 앞으로 몰려들자, 경비대와 비밀경찰들조차 사실인지 아닌지 혼란에 빠졌다. 결국 예기치 못한 상황에 당황한 경비대장이 장벽을 개방함으로써 100년이 지나도 끄떡없을 것이라던 베를린 장벽은 피 한 방울 흘리지 않고 너무도 쉽게 무너져 내리고 말았다.

이처럼 철통같던 베를린 장벽이 사소한 해프닝으로 끝났을 수도 있는 사소한 말실수 하나로 하루아침에 무너진 것은 동독의 경제 불황과 거듭되는 대규모 소요 사태로 인한 사회 불안이 이미 임계상태에 다다랐기 때문이었다. 복잡계 경제학Complexity Economics에서 볼 때, 임계상태에 이른 경제나 정치 상황은 아주 작은 충격만으로도 쉽게 붕괴되거나 파국을 맞게 된다. 이 때문에 경제 붕괴나 장기 불황 같은 파국을 막기 위해서는 단순히 금리 인상 같은 '방아쇠'만 막아서 되는 것이 아니라 임계상태 자체를 해소해야 한다.

작은 모래알 하나가
산사태를 일으키는 이유

1987년 퍼 백Per Bak이라는 물리학자가 동료와 함께 뉴욕의 한 연구소에서 어린이들이나 할 것 같은 모래놀이를 시작했다.[3] 그는 테이블 위에 모래알을 하나씩 떨어뜨리면서 어떻게 되어가는지 반복해서 관찰했다. 모래알을 테이블 위로 떨어뜨리자 모래알이 점차 쌓이면서 작은 산 모양을 이루었다. 그런데 어떤 모래알 하나는 갑자기 경사면을 따라 흘러내리며 산사태를 일으키기도 했기 때문에, 모래산은 높아졌다 낮아졌다를 반복하면서 쌓여갔다.

퍼 백은 이 모래놀이의 끝없는 반복 실험을 위해 컴퓨터 프로그램으로 이를 재연했다. 그 결과 많은 모래알이 모래산 위에 그대로 쌓여갔지만, 아슬아슬하게 무너져 내리기 직전의 시점, 즉 임계점Critical Point에 다다른 상태에서는 똑같은 모래알 단 하나에 수만 개의 모래알이 무너지는 큰 변화가 일어났다.

이 흥미로운 발견은 지진이나 태풍 등 많은 자연현상뿐만 아니라, 주식시장이나 경제 상황에 대한 분석에서도 광범위하게 적용되고 있다. 실제로 금융시장의 불균형이 극대화되어 이미 임계상태에 다다른 경제는 지극히 작고 미세한 변화에도 대격변을 일으키는 현상이 끊임없이 목격되고 있는 것이다. 별다른 이유 없이 전 세계 주가가 대폭락해 무려 1조 7000억 달러(약 2000조 원)의 투자 손실을 가져왔던 1987년 10월 19일 '블랙 먼데이Black Monday' 사태가 그 대표적인 사례다.

금리 인상만 지연시킨다고
경제가 살아날까?

경제 관료들 중에는 갑작스러운 금리 인상 같은 정책적 실수만 하지 않는다면 장기 불황은 오지 않을 것이라며 안이하게 생각하는 사람들이 많다. 하지만 경제의 큰 흐름은 이 같은 단편적인 정책만으로 막아내기에는 그 파고가 너무나 거대하고 막강하다. 설사 예상할 수 있는 모든 방아쇠를 막아내더라도 임계상태 자체를 해소하지 못하는 한, 경제는 아주 작은 충격만으로도 무너질 수 있다.

　그 '작은 충격'은 미국의 정책금리 인상일 수도 있고, 그리스의 유로화 탈퇴나 개발도상국가의 금융 위기가 될 수도 있다. 아니면 우리가 전혀 상상하지 못한 새로운 충격에 무너질 수도 있고, 심지어 1987년의 '블랙 먼데이'처럼 아무런 충격 없이 위기가 찾아올 수도 있다.

　이처럼 '복잡한 세상Complexity'을 이해하지 못하고 기존의 경제학만 고집하는 일부 경제 관료들은 무한히 많은 '방아쇠 후보' 중 하나일 뿐인 '부동산 값 하락'만 막겠다며 대한민국 경제에 남아 있는 모든 여력을 여기에 집중시키고 있다. 하지만 부동산 값 하락을 막으려는 정부의 정책은 빚더미를 더욱 부풀리고, 가계의 남아 있던 소비 여력까지 앗아가 우리 경제를 더욱 위험한 임계상태로 몰아가고 있다.

기준금리를 낮추고 끝없이 돈을 풀면 당장의 부동산 값 하락은 막을 수 있을지 모른다. 하지만 가계소득 감소와 구조적인 청년 실업 문제와 같은 우리 경제의 근본적인 모순을 해소하지 않으면, 빚더미로 촉발된 우리 경제의 불균형은 더욱 위험한 상태로 치닫게 될 것이다. 더구나 이 같은 정책 기조가 장기적인 경제 회생 계획 없이 단순히 '내 임기만 아니면 된다Not In My Term'는 근시안적인 판단에 기초한 것이라면 더더욱 위험하다. 장기 불황을 막을 수 있는 소중한 시간을 저금리에 취해 낭비한다면, 경제 관료들의 임기까지라면 몰라도 우리의 미래까지 구원하기는 힘들 것이다.

0%대 저성장의
충격에 대비하라!

2014년 초만 해도 정부는 하반기로 가면서 경제가 점점 회복될 것이라 낙관하며, 2014년 4분기 성장률 전망치를 전 분기 대비 1%로 잡았다. 그런데 막상 뚜껑을 열어보니 충격적인 결과가 나왔다. 4분기 성장률이 정부 예상치의 절반도 안 되는 0.4%에 그치면서 5분기 연속 0%대 성장을 기록해, 말 그대로 '0%대 저성장의 충격'이 우리 경제를 덮친 것이다.

2015년이 되자 정부는 올해는 다를 것이라며 성장률 회복을 장담했지만, 또다시 실망스러운 결과를 보이고 있다. 우리나라에서 혁신의 속도가 급격히 정체되고 있는 데다 세계적으로도 생산성 증가 속도가 빠르게 둔화되고 있기 때문에 앞으로도 우리나라가 저성장의 충격에서 벗어나기는 쉽지 않을 것이다.

빠르고 손쉬운
성장의 시대는 끝났다

인류 역사는 이제까지 놀라운 기술 혁명을 경험하며 발전해왔기 때문에, 앞으로도 이러한 혁신은 계속될 것이며 이에 따라 생산성도 끝없이 치솟아 오를 것이라고 착각하기 쉽다. 그러나 실제로는 기술 발전이 항상 끝없이 이뤄져 왔던 것은 아니다. 특히 글로벌 금융위기 이후에는 전 세계의 생산성 향상 속도가 빠르게 둔화되면서 세계 경제에 비상이 걸렸다.

미국의 대표적인 경제조사기관인 컨퍼런스 보드The Conference Board는 총요소생산성(기술혁신에 따른 생산성) 증가 속도가 급격히 추락하고 있다고 경고했다. 1997년부터 2006년까지 연평균 1.0% 증가했던 총요소생산성은 2007년부터 2012년까지는 0.6%로 떨어졌고, 2013년에는 -0.1%라는 최악의 기록을 냈다.[4] 컨퍼런스 보드는 "이제 빠르고 손쉬운 성장의 시대는 끝났는지 모른다"며 깊은 우려를 표했다.

2013년 미국을 대표하는 경제학자이자 전직 미 재무부 장관이었던 로렌스 서머스Lawrence Summers 전 하버드 대학 총장은 전 세계적으로 저성장이 고착화되는 '뉴 노멀(New Normal, 새로운 일상)'이 시작되었다는 충격적인 내용의 칼럼을 《파이낸셜 타임스》에 기고했다.[5] 이 같은 비관적인 전망에 노벨 경제학상 수상자인 폴 크루그먼Paul

Krugman 프린스턴 대학 교수가 동조하면서 저성장이 가져올 우울한 미래에 대한 공포가 전 세계로 빠르게 번져나갔다.

1957년 미국 보잉 사는 최고 시속 1,010km인 경이적인 여객기 'B-707'기를 발표했다. 100년 전에 가장 빠른 운송 수단이었던 증기기관차가 시속 30km로 달렸던 것에 비하면 무려 30배나 더 빨라진, 가히 혁명이라 할 만한 수준이었다. 당시에는 인류의 이동속도가 급속히 빨라지던 시대였기 때문에 계속해서 더 빠른 교통수단이 등장할 것이라는 꿈에 부풀어 있었다. 그러나 이 같은 기대와 달리, 인류가 상업적으로 이동할 수 있는 이동속도는 50년이 훨씬 지난 지금도 시속 1,000km라는 한계에 묶여 있다. 최근에는 음속의 네 배로 날아다닐 수 있는 '성층권 여객기'에 대한 구상이 나오고 있기는 하지만, 경제성 문제뿐만 아니라 오존층 파괴라는 환경문제를 해결하기가 쉽지 않기 때문에 개발 회사조차 30~40년 후에나 본격적으로 상용화될 것으로 전망하고 있다. 결국 이대로 간다면 1957년에 돌파한 상업용 여객기의 최고 시속인 1,000km대를 뛰어넘는 데 100년이 넘는 시간이 걸릴지도 모른다.

이처럼 특정 기술의 발전에는 한계가 있기 때문에, 새로운 혁신이 등장해 과거의 기술을 대체하지 못하면 생산성 향상 속도는 급격히 정체된다. 지금까지 우리 인류는 이러한 정체 상황을 여러 번 겪어왔고, 그때마다 이를 극복할 수 있었던 것은 철도나 전기처럼 놀라운 기술혁신이 일어나주었기 때문이다. 대략 50년에서 60년을 주기로 일어난 이러한 기술혁신의 물결에 따라 인류는 거대한 호황과 불황을 반복적으로 겪어왔다.

가장 미약했던
다섯 번째 '혁신의 물결'마저 끝났다

이 같은 장기적인 경기순환을 처음 발견한 사람은 구소련의 우파 경제학자인 니콜라이 콘드라티예프Nikolai Kondratiev였다. 하지만 그는 거대한 파동을 발견했을 뿐, 그 파동의 명확한 이유는 제시하지 못했다. 그런데 그의 발견에 영감을 얻은 오스트리아의 경제학자 슘페터Joseph Schumpeter가 증기기관이나 철도, 전기 등 중요한 기술혁신과 장기적인 경기 파동이 겹치는 사실을 발견하고, 이를 바탕으로 기술혁신의 관점에서 경제성장의 순환을 설명한 이후 '장기파동 이론'이 큰 주목을 받게 됐다.[6]

　이러한 관점에서 볼 때, 가장 최근에 인류가 경험한 마지막 다섯 번째 파동은 1980년대부터 시작된 정보통신 혁명이다. 하지만 정보통신 기술은 그 이전의 파동과 달리 생산성을 획기적으로 끌어올리지는 못했다. 1987년 노벨 경제학상 수상자이자 성장 이론의 거장이라고 할 수 있는 로버트 솔로Robert Solow 교수는 "여기저기서 컴퓨터 시대가 온 것은 확인할 수 있지만, 생산성 통계에서는 그렇지 못하다(You can see the computer age everywhere but in the productivity statistics.)"라 평가했다. 그리고 이처럼 정보통신에 대한 투자가 생산성 향상으로 이어지지 못하는 현상을 '생산성 패러독스Productivity Paradox'라고 불렀다.[7]

그 뒤 많은 경제학자가 솔로의 생산성 패러독스가 틀렸음을 증명하려고 도전했지만, 아직도 정보통신 혁명이 엄청난 생산성 향상을 가져왔다는 명확한 증거는 나타나지 않고 있다. 심지어 장하준 케임브리지 대학 교수는 그의 저서 『그들이 말하지 않는 23가지』에서 인터넷 혁명이 세탁기보다도 세상을 변화시키지 못했다는 혹독한 평가를 내렸다.[8] 또한 2012년 미국의 로버트 고든Robert Gordon 노스웨스턴 대학 교수는 1990년대 인터넷 기술혁신이 모두 신화에 불과한 것이며, 앞으로 이 미약한 혁신마저 사라져 경제성장은 더욱 크게 둔화될 것이라고 우려했다.[9]

현재 태동胎動 단계에 들어간 혁신적인 기술은 한두 가지가 아니다. 3D 프린팅이나 생명공학, 인공지능, 나노기술, 로봇공학 등이 모두 잠재적으로 여섯 번째 거대한 혁신의 물결을 이끌 수 있는 후보들이다. 하지만 이 같은 혁신의 물결이 과거 다섯 차례의 혁신과 같은 방식으로 찾아온다면, 여섯 번째 혁신의 물결은 빨라도 2030년대에나 가능할 것이다. 만일 이전보다 혁신의 보급 속도가 훨씬 빨라진다고 가정해도, 지금 태동 단계의 기술이 경제 전반에 영향을 미치려면 앞으로 10여 년은 걸릴 수밖에 없다. 이 때문에 최소한 2020년대 중반까지는 기술혁신의 암흑기가 될 가능성이 크다. 그런데 불행하게도 이 시기에 우리나라의 인구 구조 또한 급속도로 악화되기 때문에, 지금처럼 아무런 준비도 하지 않고 있다가는 우리 경제는 상상할 수 없을 정도로 심각한 상황에 처하게 될 것이다.

엄습해오는 한국 경제의 민낯

그동안 우리나라가 급속히 성장할 수 있었던 이유는 이미 성공한 기술이나 제품을 신속히 따라잡는 '빠른 추격자 전략' 덕분이었다. 이 같은 추격 전략은 정부의 전폭적인 지원을 받으며 신속하게 대규모 물량 공급을 할 수 있는 대기업 집단에 매우 유리하다. 그런 면에서 재벌 중심의 경제구조를 갖고 있는 한국은 빠른 추격자 전략에 놀라울 정도로 특화된 장점을 갖고 있어 지금까지 고속 성장을 이뤄낼 수 있었다.

이런 추격 전략이 지속적으로 성과를 내기 위해서는 미국처럼 기술혁신을 주도하는 선도 국가가 계속해서 빠른 속도로 혁신을 이뤄내야 한다. 선도 국가의 기술혁신 속도가 늦어지면 더 싼 가격으로 무장한 후발 추격자에게 따라잡혀 '가장 빠른 추격자'의 지위를 위협받게 되기 때문이다. 최근 많은 첨단 기술 분야에서 중국 업체의 거센 추격이 시작된 것도 선도 기업의 기술혁신이 정체된 것과 무관하지 않다.

따라서 이 같은 추격을 따돌리려면 결국 우리 스스로 혁신의 주체가 되어야 한다. 하지만 '빠른 추격자'에 특화되어 있는 재벌 중심의 우리 경제가 갑자기 혁신의 주체가 되기는 참으로 어려운 일이다. 우리가 혁신의 주체가 되려면 미국처럼 신규 창업 기업이 기존 대기업과 대등하게 경쟁할 수 있는 공정한 경제 시스템이 필수적이지만 우리 경제구조는 안타깝게도 그러한 창업 환경과는 매우 거리가 멀다.

　앞으로도 우리가 공정하고 혁신적인 창업 환경을 만들지 않고 대기업만 밀어주는 과거의 추격 전략만을 고집한다면 우리 경제는 큰 위기를 겪게 될 것이다. 그리고 2020년대 후반에 여섯 번째 물결이 시작된다고 하더라도 우리 경제는 철저하게 소외될 수밖에 없다. 일본이 1990년대 정보통신 혁명에 동참하지 못한 것도 바로 이 같은 시대 변화에 적응하지 못했기 때문이다. 끊임없이 변화하는 환경에 맞추어 우리 경제도 변하지 않으면 버틸 수 없는 시대가 지금 눈앞에 와 있다.

수출 우선주의가
경제를 붕괴시키는 이유

2015년 상반기 수출이 전년보다 무려 5%나 줄어들면서 우리 경제에 비상이 걸렸다. 수출 강국을 만들겠다며 근로자들의 임금을 억제해온 탓에 내수가 꽁꽁 얼어붙은 우리 경제에 이제 유일하게 남은 성장 동력인 수출마저 꺾이고 있는 것이다. 그런데, 이보다 훨씬 더 심각한 문제는 수출이 줄어드는 속도보다 수입이 줄어드는 속도가 더 빠르다는 점이다. 2015년 상반기에는 수입이 무려 15.6%나 줄어들어 수출 감소폭보다 세 배나 더 컸다. 이에 따라 무역수지는 무려 467억 달러 흑자로 사상 최대치를 기록했다.

이처럼 무역수지 흑자가 늘어나면 무조건 좋은 것인 줄 아는 사람들이 여전히 많다. 하지만 국가 경제의 구조는 가계와 달라서 지금과 같이 수입이 급감하여 발생한 흑자는 극심한 불황이 엄습해올 것을 알리는 위험한 전조前兆가 될 수 있다. 더구나 불황이 전 세계로 확산되어 '환율 전쟁Currency war'이 시작될 조짐이 커지고 있는 상황에서 천문학적인 무역수지 흑자는 오히려 치명적인 독이 될 가능성이 높다.

또한, 이 같은 무역수지 흑자는 그동안 우리가 추진해왔던 '수출 주도형 성장 전략'의 후폭풍으로 우리 경제를 치명적인 불황으로 이끌 독소가 될 수 있다. 이 때문에 지금이라도 대비책을 준비하지 않으면 큰 낭패를 볼 수 있다. 우리와 같은 수출 주도형 성장 전략을 썼다가 대다수 국민들이 절망의 늪에 빠져 허우적대고 있는 대표적인 나라가 바로 멕시코다.

세계 최고의 부자와
최악의 빈곤이 공존하는 나라

멕시코의 치안이 날이 갈수록 악화되면서, 세계 최대의 마약 소굴로 알려진 멕시코 북부 지역의 도시들이 하나둘씩 마약 갱단의 손에 넘어가고 있다. 그리고 이렇게 된 도시 중 가장 악명 높은 과달루페Guadalupe 시에 스무 살의 앳된 여대생 마리솔 가르시아Marisol Garcia가 경찰서장으로 취임했다. 도대체 어떻게 된 일일까?

마약 갱단의 공격으로 과달루페 시 인근에서만 시장을 포함해 모두 2,500명이 살해됐다. 더구나 경찰서장까지 멕시코 마약 갱단에 납치되어 고문을 당하고 목이 잘려 숨진 뒤에는 아무도 경찰서장을 하겠다는 사람이 나오지 않았다. 그러다 스무 살의 여대생인 가르시아가 남성도 꺼리는 경찰서장에 자원하자 곧바로 취임하게 된 것이다.[10]

가르시아는 어깨까지 내려오는 갈색 머리에 자그마한 체구의 전형적인 여대생이었다. 취임식에서 두렵지 않느냐는 기자들의 질문이 쏟아졌지만, 가르시아는 "두려움이 우리를 무너뜨리게 해서는 안 된다"며 굳은 의지를 다졌다. 그러나 마약 갱단의 계속된 살해 위협과 공격에 시달리던 가르시아는 결국 6개월 만에 미국으로의 망명을 신청했다. 결국 한 사람의 용기와 노력만으로는 이미 붕괴한 치안을 회복할 수 없었던 것이다.

멕시코는 2005년 상반기에만 194건의 납치 사건이 일어나, 납치 분야에서 세계 1위를 차지할 정도로 치안이 가장 불안한 나라가 됐다. 더구나 납치 조직이 경찰과 유착되어 있는 경우가 많아 납치를 당해도 대부분 신고를 하지 못하기 때문에, 실제 납치 건수는 이보다 훨씬 많다고 한다. 치안만이 문제가 아니다. 필자가 2006년 멕시코로 취재를 갔을 때, 시내 교차로에서 신호 대기를 하면 어김없이 아기를 업은 소녀나 할머니가 나타나 정말 간절하게 구걸하는 모습을 자주 목격했다.

멕시코는 1인당 국민소득이 1만 1,000달러로, 남미 국가들에 비해서는 비교적 잘사는 나라에 속한다. 2007년부터 2012년까지 빌

게이츠Bill Gates를 제치고 세계 최고의 부자로 등극했던 통신재벌 카를로스 슬림Carlos Slim이 사는 나라이기도 하다. 하지만 수출 경쟁력을 높인다는 명목으로 근로자들의 임금을 극도로 억제하는 전략을 써온 탓에 세계 최고의 부자와 최악의 빈곤이 공존하는 나라가 되고 말았다.

수출에만 매달렸던
나라의 비극

멕시코는 1940년부터 1980년까지 40년 동안 한국과 비슷한 국가주도형 발전 전략을 채택해 평균 6.2%에 이르는 놀라운 경제성장률을 기록하여 '한강의 기적'에 못지않은 찬사를 받았다. 1975년 1인당 국민소득이 세계 47위까지 올라, 당시 세계 76위에 불과했던 우리나라보다 훨씬 더 잘살았던 나라였다.[1]

하지만 1976년 대규모 유전 개발에 성공하면서 멕시코의 놀라운 성장 신화는 막을 내리게 된다. 석유가 발견되면 국가 경제에 대단히 좋을 것이라고 착각하기 쉽지만, 실제로는 미국과 같은 경제 대국이 아니면 오히려 경제가 후퇴하는 '산유국의 저주'에 빠지는 경우가 적지 않다. 멕시코도 석유 수출로 외화가 쏟아져 들어오기 시작하자, 통화가치가 올라가는 바람에 다른 산업들이 모두 도태되고 말았다. 더구나 멕시코의 경제 기적을 가져왔던 성장 전략과 산업

정책까지 모두 자취를 감추고 말았다.

다른 산업이 모두 몰락한 탓에 1981년 멕시코 수출의 4분의 3을 석유가 차지할 정도로 석유에 대한 의존도가 높아졌다. 그런데 1980년대 초반 세계적인 불황으로 유가가 폭락하자, 멕시코 경제는 큰 위기를 맞이했다. 결국 1982년, 멕시코는 국가 부도의 위기 속에 채무지불유예Moratorium를 선언하고 국제통화기금IMF에 구제금융을 신청하게 된다.

그런데 IMF는 돈을 빌려주는 대가로 멕시코에 극도의 긴축정책을 강요했다. 멕시코 경제를 회생시키는 것보다 어떻게 월 가Wall street의 돈을 회수할 수 있는지에만 몰두한 탓이었다. 이를 견디다 못한 멕시코는 IMF의 긴축 요구를 거부하고 돈을 풀어 경기를 살리려고 했지만, 돈을 떼일 것을 염려한 IMF가 구제금융 중단이라는 초강수로 대응하는 바람에 결국 이에 굴복한 멕시코는 외국인 직접 투자나 무역 관련 보호 장벽까지 완전히 개방하고 말았다.

이 같은 변화 속에서 멕시코는 1980년대 후반부터 수출 물량을 늘리는 데 모든 경제적 역량을 집중한 '수출 주도형 경제'로 급격히 전환했다. 당시 살리나스Carlos Salinas de Gortari 정권은 수출 확대를 통해 멕시코 경제를 재건하겠다고 외쳤지만, 수출이 늘어나도 멕시코 국민들의 주머니 사정은 점점 더 악화되는 이상한 현상이 나타났다. 멕시코 수출품의 70%가 단순 조립품이었던 탓에 아무리 수출을 잘 해도 부가가치의 대부분이 해외로 빠져나갔기 때문이었다.

더 큰 문제는 수출 주도형 경제로 전환한 이후 근로자들의 몫이 계속 줄어들었다는 점이다.[12] 1993년부터 1999년까지 멕시코 제조업 근로자들은 노동생산성을 28%나 높였지만, 임금은 오히려 22%나 줄어들었다. 이처럼 근로자들의 임금이 줄어들자 멕시코 내수 시장은 급격히 위축되기 시작했다. 2006년 멕시코 취재 당시 만났던 에르난데스Hernandez 노동부 차관은 이제 멕시코 기업들이 아무리 좋은 물건을 만들어도 이를 사줄 든든한 내수 시장이 사라졌기 때문에 해외 시장만 바라보는 처지가 되었다며 답답해했다.

임금 상승 없는
수출 주도형 전략은 왜 위험한가?

하버드 대학의 대니 로드릭Dani Rodrik 교수는 "한 나라의 경제에서 무역에 대한 의존도가 높아질수록 기업의 이윤은 커지는 반면, 근로자들이 임금으로 받아가는 몫은 상대적으로 줄어든다"고 역설力說했다.[13] 특히 아무런 비전Vision 없이 단지 수출 물량만 확대하는 데 몰두하는 정부는 환율을 인위적으로 높이려는 경향이 있기 때문에 국내 물가를 끌어올리게 되고 근로자들의 실질임금은 줄어들 수밖에 없다. 게다가 정부가 글로벌 경쟁을 핑계로 끊임없이 근로자들을 압박하기 때문에 임금은 낮아지고 재벌의 몫은 커지게 된다는 것이다.

문제는 이렇게 근로자들의 몫이 줄어들어 임금이 노동생산성 증가분조차 따라가지 못하게 되면 내수 시장이 급격히 축소된다는 점이다. 그리고 이 같은 경제구조가 계속되면, 마치 하늘만 쳐다보며 비 내리기만을 기다리는 '천수답天水畓'처럼 남의 나라 경제에 완전히 의존하는 처지가 될 수밖에 없다. 결국 다른 나라의 작은 움직임에도 자국 경제가 크게 흔들려 경제 위기에 취약한 경제가 될 가능성이 크다.

더구나 지금처럼 근로자들의 국경 간 이동이 자유로운 상황에서 근로자들이 달성한 노동생산성만큼도 대우해주지 않는다면, 아까운 인재들이 국외로 빠져나가 경제에 치명타를 주게 된다. 2005년 세계은행이 발표한 「국제이민, 송금, 두뇌유출 보고서」에 따르면, 조사 대상이었던 192개국 중에서 세계 인재 유출 1위의 불명예를 기록한 나라는 멕시코였다. 실제로 멕시코를 빠져나간 대졸 이상의 인재가 한 해 78만 명에 이른다.[14] 멕시코에서는 대학 등록금이 모두 국비로 지원되고 있기 때문에, 결국 세금으로 애써 키운 소중한 인재들이 해외로 빠져나가고 있는 셈이다. 현재 우리나라의 두뇌유출도 만만치 않게 심각한 상황인데, 만일 특단의 대책이 없다면 조만간 우리 경제에 큰 부담이 될 것이다.

저임금을 기반으로 수출 증대만을 추구하는 것은 '중상주의' 시대에나 통용되던 낡은 전략이다. 일찍이 경제학의 아버지로 불리는 애덤 스미스Adam Smith는 국가의 부富는 나라 안에 쌓인 금은보화 총량을 의미하는 것이 아니라며 '중상주의'의 무지無知를 호되게 비판했다. 달러를 창고에 가득 쌓아놓은 채 국민들이 더 가난해진다면 도대체 무슨 소용이 있단 말인가? 국부國富를 증대하기 위해서는 단순히 창고에 금은보화를 쌓아두는 것이 아니라, 국가 전체적으로 생산과 소비가 늘어나야 한다. 우리 경제가 멕시코의 실패를 답습하기 전에 이미 200여 년 전에 나왔던 애덤 스미스의 혜안을 다시 돌이켜보기를 간절히 바란다.

04
정부는 모르는
진짜 경제 부양책

정부는 경기가 살아나지 않는다며 걸핏하면 부양책을 내놓곤 했다. 정부가 그 경기 부양책으로 가장 많은 금액을 투입해 공을 들인 것이 바로 대규모 건설 사업이다. 지금까지 정부는 여러 차례에 걸쳐 천문학적인 국가재정을 건설 경기와 부동산 부양에 쏟아부었지만, 우리 경제의 급속한 둔화 현상을 반전시키지는 못했다.

이처럼 건설 경기 부양에 의지해 경제를 살려보려다 참담한 실패를 겪은 나라가 바로 일본이다. 부동산 거품이 급속도로 꺼지던 1992년부터 3년간 일본은 73조 엔(약 700조 원)에 이르는 돈을 건설 경기 부양에 쏟아부었다. 하지만 엄청난 세금을 퍼부었던 건설 사업도 이미 시작된 경기 하강을 막지는 못했고, 결국 일본은 25년에 걸친 장기 불황을 겪고 있다. 게다가 국가 부채가 국내총생산 대비 무려 245%를 기록해 국가 부채 비율 세계 1위라는 오명만 안겨주었다.

사실 우리나라나 일본과 같이 이미 사회간접자본이 포화 상태에 이른 경우에는 추가적인 사회간접자본 투자로 얻을 수 있는 사회적 이득이 그리 크지 않다. 뒤늦게나마 이러한 사실을 깨달은 일본의 지방정부연구원은 국가재정 1조 엔을 건설 경기 부양에 쓸 경우 1.37조 엔의 효과를 기대할 수 있지만, 같은 금액을 교육에 투자했더라면 1.74조 엔의 경제 부양 효과를 볼 수 있었을 것이라는 후회 섞인 연구 결과를 내놓았다. 2009년 우리나라 산업연구원의 연구 결과에서도 건설투자의 소득 창출 효과는 1을 투자했을 때 1.47로 교육·보건의 1.62에 비해 낮은 것으로 나타났다.[15]

빚더미에 의지해 건설 경기와 부동산 시장을 살리려는 지금의 경제 정책 기조는 결코 우리의 잠재성장률을 높일 수 없다. 추락하는 우리 경제를 되살릴 장기적인 비전 없이 이 같은 임시방편만 끝없이 반복하게 되면, 남아 있던 재정 여력만 탕진한 채 경제는 더욱 걷잡을 수 없이 추락하게 될 것이다. 우리나라나 일본처럼 이미 성숙 단계에 들어선 경제에서 건설 경기 부양책은 잠시 통증을 잊게 하는 마취제만 될 수 있을 뿐이지, 환부를 직접 치료하는 수단이 될 수는 없기 때문이다.

그렇다면 꺼져가는 우리나라의 성장 엔진을 다시 움직이게 할 열쇠는 어디에 있을까?

가장 강력한 투자는
콘크리트 구조물이 아니라 '사람'이다

유럽의 선진국들은 한 나라의 성장 엔진을 움직이게 할 열쇠를 '사람'이라고 보고, 미래를 책임질 청년과 미래세대에 대한 투자를 아끼지 않고 있다.

　그 대표적인 나라라고 할 수 있는 핀란드는 전체 학생의 15%에 이르는 이주민 자녀를 평가 대상에 포함하고도 각종 국제 학력 평가에서 상위권을 차지할 만큼 교육열이 높은 나라다. 그런데 우리나라와 비교할 때, 교육철학은 물론 전체 교육비 지출 대비 성과에서 너무나 큰 차이가 난다. 온갖 선행학습과 사교육으로 점철된 우리나라와 달리, 핀란드는 오직 공교육만으로 놀라운 성과를 내고 있는 것이다.

　핀란드의 비밀은 바로 강력한 공교육 시스템에 있다. 핀란드의 초등학교에는 한 명의 교사 외에 두 명의 보조교사가 있다. 교사가 전체 학생들을 지도하는 동안, 모든 학생이 수업에서 낙오되지 않고 따라오도록 보조교사들이 학생 하나하나를 지도한다. 그래도 수업을 따라가지 못하는 학생은 방과 후 선생님에게 일대일 맞춤형 지도를 받는다.

　더욱 중요한 것은 교육철학의 차이다. 물과 나무 외에 특별한 자원이 없는 핀란드는 '사람이 최고의 자원'이므로 '단 한 명도 버릴 인재가 없다'는 확고한 철학을 가지고 있다. 따라서 각자의 적성 차이로 인해 당장은 수업을 따라가지 못하는 학생 중에서도 얼마든지 뛰어난 학생들이 나올 것이라고 믿고, 학생들 한 명 한 명의 특성에 맞춘 '특수 교육'을 강화했다. 이 때문에 선행학습은 물론, 자녀가 학교 수업에 뒤처지는 것을 걱정해 따로 사교육을 할 필요도 없다.

이 같은 교육철학 덕분에 핀란드는 공교육만으로 학생들을 세계 최고의 인재로 키우는 데 성공했다. 그리고 이렇게 육성된 인재들이 모바일 게임 앵그리 버드Angry Bird를 만든 로비오Rovio 사나 최근 인기를 끌고 있는 게임인 클래시 오브 클랜Clash of Clan의 슈퍼셀Supercell 등 수없이 많은 벤처기업을 탄생시켰다. 이러한 벤처기업들의 성공은 우리나라로 치면 삼성이 무너진 것과 같은 충격을 준 '노키아의 위기' 속에서 핀란드 경제를 지키는 버팀목이 되고 있다.

게다가 핀란드의 교육이
더 싸고 더 효율적이다

이렇게 설명하면 핀란드의 교육비 부담이 우리나라보다 훨씬 클 것이라고 지레짐작하는 사람들이 많을 것이다. 하지만 실상은 정반대다. 경제협력개발기구OECD 자료에 따르면, 2011년 핀란드 국내총생산GDP에서 공교육비가 차지하는 비중은 6.5%였다. 한국 정부의 공교육비 부담이 4.9%이니, 단순히 정부 지출만 놓고 보면 핀란드가 높아 보인다. 하지만 핀란드에서는 민간 가계의 공교육비 부담이 0.1%로 거의 없는 것이나 마찬가지인 반면, 우리나라 민간 가계는 공교육비 부담이 무려 2.8%나 된다. 결국 한국의 민간과 정부의 공교육비 부담을 모두 합치면 GDP의 7.6%로 핀란드보다 훨씬 높다. 여기에 통계로 제대로 잡히지도 않는 사교육비가 최소 18조 원 이상 추가로 더 들어가기 때문에, 한국과 핀란드의 교육 비용은 엄청난 차이가 난다.

더욱 중요한 것은 핀란드의 경우 가계의 교육비 부담이 거의 없기 때문에, 부모의 경제력과 관계없이 누구나 열심히 노력만 하면 성공을 꿈꿀 수 있다는 점이다. 교육이 이미 계층 이동의 장벽이 되기 시작한 우리나라와 달리, 핀란드에서는 모든 학생에게 공정한 교육 기회를 제공한다.

2010년 OECD가 부모의 수입이 자녀의 수입에 얼마나 영향을 미치는지에 대한 상관관계를 조사했다. 이 수치가 1에 가까울수록 부모의 소득이 고스란히 자녀에게 이전된다는 뜻이고, 0에 가까우면 자녀의 소득이 부모의 소득과 거의 연관이 없다는 뜻이다. 그런데 핀란드는 0.18을 기록해 영국의 0.5에 비해 훨씬 낮았다.

혁신의 주체가 될 청년에게
'역전의 사다리'를 놓아라!

교육을 마치고 사회에 나온 청년들이 처음부터 자신에게 꼭 맞는 직장을 찾아가는 것은 그리 쉬운 일이 아니다. 이 때문에 뛰어난 능력에도 불구하고 처음 사회 진출에서 실패를 겪는 청년들도 적지 않다. 그리고 사회 진출 초기에 낙오된 청년들이 당장 먹고 살기조차 어렵게 되면, 결국 시간제 일자리를 전전하거나 자신의 능력을 발휘할 수 없는 곳에서 일하게 된다. 이런 현상이 가속화되어 미래 세대 전체의 생산성이 떨어지면 장기적으로 국가의 경제성장 동력도 약화된다. 이 때문에 유럽 선진국들은 국가재정으로 이런 청년들의 패자부활전을 돕는 '실업부조' 제도를 두고 있다.

최근 우리나라에도 초기 구직 활동에서 탈락해 당장 생활비 마련이 다급해진 청년들이 시간제 계약직 일자리에 내몰리는 경우가 급격히 늘어나고 있다. 하지만 이런 일자리들은 아무리 오래 일해도 생산성이 향상될 가능성이 희박한 경우가 대부분이다. 때문에 일단 시간제 계약직에 내몰린 청년들은 시간이 흘러도 높은 임금을 받기가 쉽지 않다. 더구나 청년들의 생산성 향상이 더뎌지면 국가 전체적으로도 손해를 보게 된다.

결국 우리 경제 전체가 다시 원활하게 돌아가게 하려면 무엇보다 청년들이 혁신적인 생산 주체, 경제력이 있는 소비 주체로 당당히 설 수 있는 시스템을 만들어야 한다. 엄청난 잠재력을 가진 수많은 청년을 획일적인 잣대로 솎아내고 남은 이들만으로 돌리는 반쪽짜리 엔진으로는 아무리 애를 써도 이미 멈춰가는 한국 경제의 성장 동력을 되살릴 수 없을 것이다. 이 때문에 꺼져가는 한국 경제의 불씨를 되살리려면 청년들 한 명 한 명이 제 몫을 담당할 수 있도록 지원하는 강력한 청년 투자가 무엇보다 시급하다.

그러나 토목공사를 일으키는 것이 가장 확실한 경기 부양책이라고 주장하는 사람들은 이처럼 '사람'에 대한 소중한 투자를 그저 '돈 낭비'나 '퍼주기'로 치부한다. 심지어는 '젊어 고생은 사서도 해야 할' 청년들에게 사회적 투자를 하는 것은 청년들을 나태하게 만드는 것이라며 시도조차 못 하게 방해하고 있다.

하지만 다행히도 최근에 발달한 행동경제학Behavioral Economics에서 그들의 우려는 기우杞憂에 지나지 않음을 보여주고 있다. 이미 『넛지』[16]라는 책으로 널리 알려진 것처럼 합리적인 제도 설계Mechanism Design가 사람들의 행동 변화를 유도하여 놀라운 결과를 가져오는 기적을 낳을 수 있기 때문이다.

청년들의 구직 노력과 재교육 기간을 실업부조와 잘 조화시킨다면 청년 문제를 해결할 수 있는 것은 물론, 청년 실업에 따른 사회적 비용도 줄일 수 있을 것이다. 그럼에도 불구하고 여전히 청년들의 도덕적 해이를 주장하는 관료나 정치인이 있다면, 수십 년 전에 배웠던 경제학 책만 고집하지 말고 최신 경제학을 조금만이라도 들여다보라고 권하고 싶다.

이미 선진국들은 공교육 시스템과 실업부조뿐만 아니라, 아동수당과 공공보육, 공공주거 등 일일이 열거하기도 어려울 정도로 미래세대에 각종 투자를 아끼지 않고 있다. 이처럼 선진국들이 21세기에 가장 소중한 자원인 '사람'에 대한 투자에 경쟁적으로 나서고 있는 상황에서 정작 자원이라고는 '사람' 밖에 없는 우리나라만 뒤처지고 있는 것이다.

우리나라의 일부 경제 관료들은 청년에 대한 투자가 포퓰리즘적인 '퍼주기'라며 우려하지만, 사실 훨씬 더 위험한 것은 건설사 사주에게 퍼주는 천문학적인 건설 경기 부양 예산이다. 콘크리트에 투자되는 돈이야말로 그 유착 관계 때문에 좀처럼 감시하기가 어렵고, 전방위적인 도덕적 해이가 발생할 가능성이 크기 때문이다.

지난 2014년 우리나라를 찾은 프란치스코 교황Pope Francis은 대전 월드컵 경기장에서 열린 미사 중에 "위대한 민족은 과거의 전통을 물려받아 새롭게 도전하는 그들의 젊은이를 귀하게 여긴다"는 의미 있는 메시지를 남겼다. 지극히 상식적인 말이지만, 사람의 가치를 잊어버린 지금의 우리나라에게는 소중한 지혜와 통찰을 주는 말이었다.

우리 경제를 되살릴 수 있는 가장 소중한 투자는 교량이나 댐 같은 콘크리트 구조물이 아니라 바로 '사람'이고 '청년'이라는 것을 늦기 전에 깨달아야 한다. 사람이 최고의 자원인 우리나라에서 사람

에 대한 투자를 꺼린다면 도대체 어디서 우리나라의 희망을 찾을
수 있겠는가? 아직 희망의 불씨가 조금이라도 남아 있는 지금이 '위
대한 민족'으로 돌아갈 수 있는 마지막 기회다.

1등만 살아남은 경제는 왜 위험한가?

"

정부가 '재벌하기 편한 나라'를 만들겠다며
온갖 특혜를 주는데,
어느 기업이 스스로 온실 밖으로 나가
위험한 도전을 하겠는가?

"

01

재벌 우선주의가
경제에 치명적인 이유

얼마 전 재벌을 대변해온 한 민간 경제연구소 소장이 쓴 글을 읽고 깜짝 놀란 적이 있다. 그는 진화경제학Evolutionary Economics의 적자생존適者生存 법칙에 따라 앞으로 글로벌 경쟁이 치열해지면 세계에서 1등을 차지한 다국적 기업만이 살아남기 때문에, 우리 정부도 재벌을 우선적으로 지원해야 한다고 주장했다. 그러나 진화경제학을 전공한 사람으로서, 다른 것은 몰라도 '재벌 우선주의' 주장에 진화경제학을 끌어들인 것은 명백한 오류임을 말하지 않을 수 없다.

물론 개별 기업이 자신의 분야에서 1등이 되기 위해 치열한 경쟁을 하는 것은 매우 중요한 일이다. 하지만 한 나라의 경제가 1등만 집중적으로 지원하는 것은 전혀 다른 일이다. 진화경제학의 관점에서 봤을 때, 1등만 살아남아 그 나라의 자원을 독식하는 경제구조는 매우 위험한 것이기 때문이다.

지금처럼 경제 환경이 급변하는 상황에서 승자의 조건은 순식간에 바뀔 수 있다. 이러한 상황에서는 개별 기업이 아무리 노력해서 1등의 지위를 유지하는 데 성공한다고 해도 환경 변화에 따라 순식간에 무너져 내릴 수 있다. 이 때문에 1등만 살아남은 경제보다는 다양한 2등도 함께 공존하고 있는 경제가 더욱 변화에 강한 힘을 갖게 된다.

1등을 놓치지 않아도 위기는 찾아온다, 닌텐도의 교훈

세계 최대 게임기 생산업체였던 닌텐도의 몰락이 그 대표적인 예다. 닌텐도는 2009년 영업이익 5300억 엔, 우리 돈으로 5조 원이 넘는 경이적인 기록을 냈다. 특히 매출액 대비 영업이익률이 36.8%나 될 정도로 엄청난 수익률을 자랑했다. 영업이익률이 5%대에 불과한 한국 기업들과는 비교도 되지 않았다. 직원 1인당 매출은 10억 엔, 우리 돈으로 90억 원이 넘어 도요타의 다섯 배를 넘었다. 당시 닌텐도는 그야말로 '꿈의 기업'이었다.

하지만 경제 환경이 급변하면서 1등 닌텐도는 순식간에 무너져 내렸다. 경이적인 성과를 낸 지 불과 2년 뒤인 2011년 한 해 동안 650억 엔, 우리 돈으로 6000억 원이 넘는 순손실을 본 것이다. 이렇게 세계 최고의 위치에 있었던 게임기 회사 닌텐도가 위기를 겪었던 이유는 닌텐도가 1등을 하는 데 실패해서가 아니라, 스마트폰이라는 혁신적이고 놀라운 경쟁 상대가 나타났기 때문이었다.

게임을 사기 위해 번거롭게 매장을 찾아가거나 인터넷 주문을 해야 하는 닌텐도와는 달리, 스마트폰은 몇 번의 터치만으로 원하는 게임을 살 수 있었다. 또한, 스마트폰용 게임은 대리점이 필요 없고 유통 구조도 단순해 닌텐도용 게임보다 훨씬 가격이 저렴했다. 이처럼 편리하고 값싼 스마트폰 게임이 쏟아져 나오자, 소비자들은 순식간에 닌텐도 게임기를 외면하기 시작한 것이다.

닌텐도는 다른 게임기 회사와의 경쟁에서 수많은 고비를 넘기며 승리해온 불굴의 게임기 업체였다. 하지만 새롭게 펼쳐진 스마트폰 환경하에서는 그렇게 고생해서 얻은 1등의 지위가 별 도움이 되지 못했다. 이처럼 패러다임이 바뀌는 급격한 경제 환경의 변화는 각고의 노력 끝에 얻은 부동의 1등조차 한순간에 무너뜨리게 한다.

한 기업에 매달린 경제는 얼마나 위기에 취약한가,
노키아의 교훈

제아무리 1등 기업이라도 외부 환경의 변화에 따라 순식간에 몰락할 수 있는 상황에서 1등 기업 하나에만 국가 경제를 의존하는 것은 너무나 위험한 일이다. 노키아라는 기업 하나에 의존했던 핀란드 경제가 노키아 몰락 이후 큰 위기를 겪었던 것이 그 대표적인 예다. 노키아는 한때 세계 휴대전화 시장의 40%를 장악하고, 핀란드 수출의 20%를 담당할 정도였다.

이처럼 세계 1등이었던 노키아의 놀라운 성공 이면에는 핀란드에서 새로운 혁신 기업의 씨가 말라가는 어두운 현실이 자리 잡고 있었다. 핀란드 정부는 자국 경제의 명운命運이 걸려 있다고 믿었던 노키아를 위해 온갖 국가적 지원을 아끼지 않았다. 그런데 노키아만 집중적으로 지원하는 바람에 혁신적인 새로운 기업이 등장하지 못했고, 핀란드 특유의 기업가 정신은 오히려 쇠퇴해갔다.

또한 수학 및 과학 분야에서 항상 세계 최고 수준의 교육 경쟁력을 갖고 있는 핀란드가 과감한 정보통신 연구 개발 투자를 해왔음에도, 이를 활용해 새로운 방식으로 수익을 창출할 혁신적인 창업 기업Startup company 역시 점점 사라져갔다. 핀란드 출신으로 영국에서 활동하는 에르코 아우티오Erkko Autio 교수는 핀란드 경제가 우수한 인적 자원을 가지고도 혁신적인 벤처기업을 키워내지 못하는 현상을 가리켜 '핀란드 패러독스Finnish Paradox'라고 불렀다.[1]

마침내 2008년 글로벌 금융 위기가 시작되자 핀란드 패러독스는 핀란드 경제에 큰 위기를 불러왔다. 노키아는 여전히 피처폰(Feature phone, 非 스마트폰) 시장에서 최강자였지만, 새로운 스마트폰 시장에서는 아무런 도움이 되지 않았다. 노키아가 흔들리자 노키아 외에 별다른 대표 기업을 키우지 못했던 핀란드는 곧 국가적 위기 상황에 빠지고 말았다. 그 결과 2009년 핀란드 경제는 -8.3%라는 최악의 성장률을 기록했다.

경제진화론을 우생학으로
왜곡하지 마라!

경제진화론을 잘못 이해한 일부 '재벌 우선주의 경제학자'들은 적자생존을 내세우며 1등이 독식하는 경제를 정당화하고 있다. 그들은 치열한 글로벌 경쟁에서 1등만 살아남기 때문에 재벌에 남은 자원을 우선적으로 몰아줘야 한국 경제의 경쟁력이 높아질 것이라고 주장한다.

그러나 이는 경제진화론을 잘못 이해하고 있는 것이다. 경제진화론에서는 어떠한 환경에서도 항상 우월한 절대적 적자는 존재하지 않는다. 단지 현재 주어진 환경에 유리한 적자만 있을 뿐이다. 환경이 변하면 새로운 환경에 따라 적자가 되는 기준이 달라진다. 이 때문에 기존 경제 환경에서 1등이었다고 해서 미래에도 1등이 되리라는 보장은 없다. 특히 지금처럼 패러다임이 급변하는 경제 환경에서는 그에 따라 요구하는 특성도 예측할 수 없을 만큼 빠르게 변하기 때문에, 과거에는 열등했던 특성이 우월한 특성이 되기도 한다.

그래서 1등만 살아남는 경제는 위험하다. 생태계에서 종種의 다양성이 중요하듯, 한 국가 경제 내에서도 다양한 특성을 가진 경제

주체들이 공존하며 활동할수록 변화에 발 빠르게 적응하고 활력이 넘치는 경제가 된다. 1등이 독식하는 경제보다 다양한 2등, 3등이 살아남은 경제가 더 큰 잠재력과 변화에 대한 적응력을 가진다. 한국 경제가 지금처럼 몇몇 재벌에만 의존한다면 한국 경제의 변화 적응력과 지속 가능성은 점점 더 떨어질 수밖에 없을 것이다.

재벌만 살아남은 경제는
어떻게 무너지는가?

대한항공의 땅콩 회항 사건이 일어났을 때, 한국 재벌의 또 다른 문제를 보여주는 씁쓸한 단면이 함께 드러났다. 조현아 전 대한항공 부사장이 서울 중구의 한진빌딩 1층에 있는 커피숍 점포를 운영해 온 사실이 알려진 것이다. 세계를 상대로 경쟁에 나서야 할 재벌 3세가 본사(franchisor, 프랜차이저)도 아닌, 커피 가맹점(franchisee, 프랜차이지) 장사까지 하고 있었다.

이처럼 한국의 재벌 후계자들이 치열한 글로벌 경쟁에 전력을 다하는 대신 손쉬운 돈벌이를 택한 것은 어제오늘 일이 아니다. 2012년, 우리 정부는 난데없이 재벌과 '빵' 전쟁을 벌여야 했다. 재벌 2세나 3세가 앞다퉈 제빵 사업에 뛰어드는 바람에 영세한 동네 빵집들이 큰 타격을 받았기 때문이다.

이에 대해 영국의 유력 일간지인 《파이낸셜 타임스》는 한국 경제에서 재벌이 미치는 부정적 영향이 단순히 '제빵 사업'에 그치는 것이 아니라고 꼬집었다. 한국 재벌의 근본적인 문제는 '자신의 우월한 힘을 이용해 기존의 재벌을 대체할 수 있는 더욱 혁신적이고 뛰어난 기업의 등장을 막아왔다'는 점이라고 일침을 가한 것이다.

우리 경제의 가장 큰 문제점은 새로 창업한 기업이 뛰어난 기술로 새로운 제품을 개발해도 재벌이 뒤늦게 뛰어들어 시장을 빼앗거나 핵심 기술 인력을 빼내는 등 온갖 방법으로 신규 창업 기업의 성장을 방해해왔다는 데 있다. 그 결과, 한국에서는 구글이나 페이스북처럼 창의성 하나를 무기로 새로운 대기업으로 성장하는 사례가 좀처럼 등장하지 못하고 있다. 이에 덧붙여,《파이낸셜 타임스》는 한국의 정치인들이 이 같은 재벌 문제를 근본적으로 해결하겠다는 의지가 전혀 없기 때문에, 일부 재벌이 제빵 사업에서 완전히 철수했다 하더라도 재벌의 골목 상권 진출 문제가 해결됐다고 믿는 한국인은 거의 없을 것이라는 뼈아픈 지적을 했다.

왜 한국의 재벌 2, 3세들은
손쉬운 사업에만 몰두하고 있을까?

선진국의 대기업들도 한국의 재벌들처럼 막강한 자본력과 시장 지배력을 가지고 있다. 하지만 선진국의 대기업이 골목 상권에 앞다

튀 진출하거나 신규 창업 기업의 시장이나 기술을 빼앗는 일은 좀처럼 보기 어렵다. 도대체 왜 우리나라 재벌 2세나 3세들은 그 막강한 자본력으로 영세한 골목 상권까지 탐내며 중소기업의 시장을 노리는 손쉬운 사업에만 몰두하고 있는 것일까?

1970년대 우리나라는 정말 기업하기에 녹록한 환경이 아니었다. 국가 경쟁력은 형편없었고, 기술력도 낮았다. 하지만 도전 정신을 갖고 있던 우리 기업들은 온갖 악조건을 딛고 세계 시장에 도전해 놀라운 성공을 거두었다. 기업하기 편안한 환경이 아니라 오히려 혹독한 환경에서 성공을 거둔 것이다.

그러나 재벌들이 국가 경제 정책에까지 영향을 미칠 수 있을 정도로 성장하자, 과거와 달리 기업하기 편안한 환경을 만들어달라며 온갖 특혜를 요구하고 있다. 재벌의 요구는 규제 개혁 같은 용어로 그럴 듯하게 포장되어 있지만, 시장의 공정성을 훼손할 위험이 있는 경우도 적지 않다. 이러한 규제 개혁은 기존 재벌에게만 유리할 뿐, 야심 찬 도전에 나서는 새로운 창업 기업에는 오히려 불리할 수 있다.

우리 경제의 여력을 재벌에 몰아주는 정책은 조세 제도에서 확연히 드러난다. 천문학적인 이익을 보는 삼성전자의 법인세 실효세율은 웬만한 중소기업의 법인세율보다도 낮다. 이익이 늘어날수록 세율이 높아지는 누진세율을 적용하기는커녕 온갖 공제 제도 때문에 오히려 세율이 낮아지는 역진적 법인세 구조 덕분에 재벌들이 큰 특혜를 누리고 있는 것이다.

특히 2008년 이후의 과도한 고환율 정책은 대기업 위주 경제 정책의 절정을 이루었다. 그 결과, 기업의 이윤은 천문학적으로 늘어났지만 근로자들의 실질임금은 정체되는 현상이 점점 더 심화됐다.

대한민국 재벌의 도전 정신을 앗아간 것은
바로 안락한 환경이다

바이킹이 유럽의 바다를 호령했던 이유는 그들의 땅이 너무나 척박하여 바다로 나갈 수밖에 없었기 때문이지, 결코 풍요롭고 안정적인 환경 덕분에 강해진 것이 아니다. 재벌이 별다른 도전을 하지 않아도 편안하게 돈을 벌 수 있는 경제구조를 만들어주면, 재벌이 바보가 아닌 이상 혁신적이고 위험한 도전에 나설 이유가 전혀 없다.

그동안 정부가 기업하기 '편한' 나라를 만들겠다며 온갖 특혜를 제공해온 덕분에 손쉽게 돈을 벌 수 있는 안락한 온실이 생겼는데, 어떤 기업이 스스로 온실 밖으로 뛰쳐나가 악조건 속에서 싸우는 어려운 길을 택하겠는가? 결국 온갖 풍파를 이겨내며 강인하게 성장해온 대한민국의 재벌이 온실 속의 화초로 전락해가고 있는 것이다.

만일 정부가 규제 완화를 핑계로 혁신적인 중소기업을 위협하는 재벌의 불공정거래를 눈감아준다면, 재벌 입장에서는 창의적인 도

전에 나서는 것보다 미래의 경쟁 상대가 될지도 모르는 중소기업의 싹을 제거하는 것이 이윤을 더욱 극대화하는 전략이 된다. 재벌의 문어발식 확장을 막는 각종 제한을 완화하면, 자신의 분야에서 세계 1위가 되는 어려운 길을 가는 것보다 동네 상권을 위협하고 중소기업의 발목을 잡는 것이 더 손쉽게 이윤을 늘릴 수 있는 길이 될 것이다.

한국 경제에서 재벌은 새로운 사업을 시작할 수 있는 자원을 거의 독식하고 있는 데다 사업 실패에 따른 리스크도 훨씬 낮기 때문에 새로운 도전에 대한 부담도 적다. 그러한 재벌이 우리 경제 전체의 파이를 늘리는 새로운 도전을 기피하고 기존의 파이를 갉아먹기 시작하면 우리 경제에 치명적인 결과를 가져올 것이다.

이미 한국의 모든 자원을 독식한 강력한 재벌들에게 정부가 과도한 재벌 보호 장벽을 만들어주는 것이야말로 재벌을 더욱 나약하게 만들고 한국 경제 전체의 성장과 활력까지 떨어뜨리는 길이 될 것이다. 우리 경제의 버팀목이 될 강력한 재벌을 갖고 싶다면, 그에 걸맞은 치열한 경쟁 환경을 조성해야 한다. 그리고 우리 경제의 새로운 성장 동력이 될 새로운 기업들이 등장할 수 있는 기회를 널리 열어주어야 한다.

자신의 노력만으로 역전을 꿈꿀 수 없는 경제구조에서는 단지 뒤처진 사람만 절망하고 도태되는 것이 아니라, 재벌의 후계자들도 점점 더 나태해질 수밖에 없다. 새로 창업한 기업이 뛰어난 아이디어만으로 언제든 구글처럼 세계적인 기업으로 성장할 수 있는 환경이 조성되어야만, 기존의 재벌 후계자들도 그에 뒤처지지 않도록 더 놀라운 혁신에 도전하게 될 것이다.

애덤 스미스가
공정한 경쟁을 강조한 이유

경제학의 아버지라 불리는 애덤 스미스는 18세기 당시 영국의 정경 유착을 강도 높게 비판했다. 그는 당시 대상공인(지금의 재벌)에게만 특혜를 줬던 영국의 중상주의 경제 정책으로는 소수의 부자와 권력자만 혜택을 볼 뿐 영국 경제 전체로는 손해이기 때문에, 대상공인의 특권을 철폐하고 새로운 중소상공인들이 이들과 자유롭게 경쟁할 수 있도록 공정한 경쟁 환경을 조성해야 한다고 역설했다. '시장의 힘'은 소수의 대상공인이 시장의 질서를 마음대로 좌우할 수 있는 시장이 아니라 공정한 경쟁이 이뤄지는 시장에서 큰 힘을 발휘할 것이라고 생각한 것이다. 그리고 이 같은 애덤 스미스의 혜안은 영국이 대영제국으로 발돋움하는 데 큰 역할을 했다.

우리나라에서 재벌의 역할은 매우 크고 중요하다. 하지만 내 자식이 귀하다고 아무 어려움 없이 온실 속 화초처럼 오냐오냐 해서 키우면 그 아이의 미래를 망칠 수 있는 것처럼, '재벌하기'에 너무나 편한 환경은 재벌 후계자들이 글로벌 경제 전쟁에서 맞서 싸워 이길 수 있는 도전 정신을 키우는 것이 아니라 오히려 그들이 빵집 같은 골목 상권에나 집착하도록 유도하는 길이 될 수 있음을 유념해야 한다.

03
삼성 vs 포드,
무엇이 경제를 살리는 길인가?

2015년 삼성전자는 내부 경쟁력을 높이기 위해서라며 임금을 동결했다. 10만 명에 이르는 삼성전자 임직원들의 한 해 임금을 모두 합치면 8조 원 정도다. 그런데 삼성전자는 그 세 배가 넘는 25조 원의 영업이익을 내고도 임금 동결을 결정한 것이다. 게다가 경영자총협회(경총)도 2015년 임금 인상률을 1.6% 범위 내에서 조정할 것을 회원 기업들에 권고했다.

개별 기업의 입장에서는 경제 상황이 그나마 괜찮을 때 선제적으로 임금을 억제하면, 앞으로 불황이 닥쳐와도 보다 쉽게 위기를 이겨낼 수 있을 것이라고 판단할 수 있다. 하지만 모든 기업이 더 많은 이윤을 확보하기 위해 실질임금을 낮추면 가계소득이 더욱 줄어든다. 그리고 이는 가뜩이나 어려운 내수 시장을 더욱 위축시켜 불황을 앞당기는 무서운 파급효과를 가져오게 될 것이다. 이 같은 상황은 대공황 직전 미국에서 일어났던 경제 현상을 꼭 빼닮았다.

모두가 가난해진 경제는
어떻게 무너지는가?

대공황이 오기 직전인 1920년, 미국은 짧은 불황을 겪었다. 이윤이 줄어든 기업들은 근로자들을 대량으로 해고하고 남은 근로자들의 임금도 평균 20%나 삭감했다. 공화당 출신의 워런 하딩Warren Harding 당시 미국 대통령은 빠른 경제 회복을 위한 길이라고 믿고, 이 같은 대량 해고와 임금 삭감을 지지했다.

그 결과 1923년부터 미국의 경제가 회복되기 시작했지만, 줄어든 임금은 쉽게 회복되지 않았다. 또한 1929년 대공황이 올 때까지 6년 동안 기업의 이윤은 62%가 넘게 늘었음에도, 근로자들의 실질 소득은 고작 11%가 늘어나는 데 그쳤다.

기업들이 값싼 임금을 이용해 대량생산으로 막대한 양의 물건을 쏟아내도 정작 실질임금이 줄어든 근로자들에게 물건을 살 돈이 없으니 소비로 이어질 수가 없었다. 결국 근로자들은 빚더미에 의지해 간신히 삶을 잇는 생활을 할 수밖에 없었다.

근로자들의 임금을 억제한 덕분에 겉으로는 경제가 회복된 것처럼 보였지만, 1920년대 후반부터 이미 미국 경제는 세계 대공황이라는 비극을 향해 위험한 질주를 시작한 것이다.

그러다 1929년 주가 대폭락을 신호탄으로 한순간에 빚더미가 무너지면서, 미국은 인류 역사상 최악의 디플레이션에 빠져들었다. 빚더미에 신음하는 근로자들이 대량소비를 감당할 수 없게 되자 물건 값은 점점 더 빠르게 떨어졌고, 기업들의 창고에는 팔리지 않는 재고가 수북이 쌓이기 시작했다.

이 같은 문제점을 뒤늦게나마 깨달은 허버트 후버Herbert Hoover 대통령이 근로자들의 임금을 유지하도록 기업을 압박했지만 아무런 소용이 없었다. 당시 미국 기업들은 손쉽게 근로자를 해고할 수 있었기 때문에, 임금을 유지하는 대신 근로자들을 대량으로 해고하는 방법으로 정부에 맞섰다. 일자리를 잃은 근로자들이 급속히 늘어나자, 미국 경제에서 소비가 아예 실종되고 디플레이션은 더욱 가속화됐다. 기업이 당장의 위기를 모면하기 위한 방편으로 행했던 근로자 해고가 수요 감소라는 악순환을 몰고 와 미국 경제는 더욱 깊은 수렁으로 빠져들었다.

근로자가 무너지면
기업도 생존할 수 없다

지금처럼 우리 경제가 디플레이션으로 치닫는 상황에서는 무엇보다 나라 전체의 소비가 살아나야 한다. 이를 위해서는 든든한 중산층을 복원하는 것이 무엇보다 중요하다. 그런데 우리나라는 전체 소득에서 가계로 돌아가는 몫이 OECD 회원국 가운데 최하위권으로 추락하고 있다. 2008년 이후 5년 동안 기업의 가처분소득은 무려 80%가 늘어났는데, 가계소득은 그 3분의 1도 늘어나지 못했기 때문이다.

이런 경제에서 어떻게 소비가 늘어나길 기대할 수 있을까? 이대로 간다면 공장에서 아무리 좋은 물건을 만들어도 아무도 이를 사줄 수 없는 1929년 대공황과 유사한 상황이 벌어질 수밖에 없다. 지금은 가계가 빚더미를 늘려가며 가까스로 소비를 유지하고 있지만, 이미 대공황에서 확인한 것처럼 빚더미를 늘려 생존하는 방식은 영원히 지속될 수 없다. 더구나 일단 빚더미가 무너져 내리기 시작하면 더 이상 경제를 살릴 수 있는 수단은 남아 있지 않을 것이다.

보수적인 경영자 헨리 포드가
임금을 인상한 이유

자동차의 대중화를 이끈 헨리 포드Henry Ford는 자본주의 경제에서 수요의 중요성을 가장 먼저 간파한 선구적인 경영자 중 하나였다. 컨베이어 벨트를 도입한 다음 해인 1914년, 그는 포드 사 근로자들의 임금을 하루아침에 2달러대에서 5달러로 파격적으로 인상했다. 게다가 이렇게 임금을 올리면서도 근로시간은 거꾸로 하루 아홉 시

간에서 여덟 시간으로 한 시간이나 줄였다.[2]

그런데 재미있는 사실은 포드가 근로자의 복지를 염려하는 너그러운 사업가나 자선가는 결코 아니었다는 점이다. 그렇다면 다른 기업들이 한 푼이라도 임금을 줄이려고 애쓸 때, 헨리 포드는 왜 이런 선택을 한 것일까? 그는 근로자가 바로 소비의 주체라는 것을 잘 알고 있었기 때문이다.

헨리 포드는 근로자들이 자신이 만든 물건조차 살 수 없을 정도로 소득이 낮다면, '대량생산 대량소비' 시대를 여는 것은 불가능하다고 보았다. 그는 소비의 주체인 근로자가 부유해져야 자신도 부유해진다는 확신을 가지고 있었다. 이 때문에 노동운동을 적극 반대하고 노조를 탄압한 보수적인 경영자로 유명한 헨리 포드가 앞장서서 근로자들의 임금을 파격적으로 인상한 것이다.

근시안적으로 자신의 기업만 놓고 보면 임금을 낮춰야 이윤이 더 높아질 것이라고 생각하기 쉽다. 하지만 그 경제 안에 있는 모든 기업이 임금을 낮추고 근로자들을 대량으로 해고하는 방법을 택한다면, 경제 전체가 디플레이션의 늪에 빠져들 수밖에 없다. 그리고 그 피해는 대공황 때처럼 결국 기업들에게 부메랑처럼 돌아오게 될 것이다.

지금 최악의 장기 불황을 눈앞에 둔 위기의 우리 경제에서 대기업들에게 필요한 것은 나만 살고 보자는 근시안적인 이기심이 아니라, 경제 전체의 장기적인 미래를 내다보는 헨리 포드의 지혜다. 정부의 전폭적인 지원과 국민들의 성원으로 성장해온 삼성을 비롯한 대기업들은 보다 큰 안목으로, 그리고 자신들의 미래를 위해서라도 이제 국민들과 함께 사는 방법을 택해야 할 것이다.

집, 살 때인가?
팔 때인가?

"
시대는 변했다. 이제 부동산 시장은
정부의 부양책으로 간신히 버티고 있다.
그런데 아직도 부동산 불패 신화를 붙들고 있는가?
"

사기극을 닮은
부동산 부양책

한국인들의 부동산 사랑은 정말 유별나다. 덕분에 우리나라의 부동산 관련 통계는 언제나 독보적이다. 우리나라의 토지 자산 가치를 모두 합치면 GDP의 4.1배나 된다.[1] 이는 우리가 한 해 동안 생산한 가치에 비해 부동산 가치가 얼마나 비싼지를 보여주는 중요한 지표다. 그런데 부동산 버블을 겪었던 일본은 이 비율이 2.4배로 떨어졌고, 부동산 버블로 세계 금융 위기를 몰고 왔던 미국의 경우 1.2배에 불과하다. 결국 한국은 경제 규모에 비해 부동산 가격이 유독 비싼 나라라고 할 수 있다.

이 같은 통계에 대해 부동산 불패를 맹신하는 사람들은 우리나라의 인구밀도가 높기 때문에 당연한 것이라고 주장한다. 하지만 이는 근거가 전혀 없고, 현실과도 맞지 않는 주장이다. 인구밀도가 유럽에서 가장 높은 나라 중의 하나인 네덜란드의 총 토지 가치는 GDP의 1.6배에 불과하다. 이에 비해 인구밀도가 전 세계 193개국 가운데 191위로 세계 최하위권인 호주의 경우 토지 가치 총액이 일본보다도 높은 2.5배나 된다.

이렇게 토지 자산이 과대평가된 덕분에 한국인들은 자신이 번 돈에 비해 과분한 자산을 가지게 됐다. 우리나라 GDP 대비 국민 순자산 비율은 무려 7.7배로, 세계에서 가장 절약하는 나라인 일본의 6.4배는 물론 캐나다의 3.5배보다 훨씬 높다.

부동산 가격이 세계 최고 수준으로 치솟아 오른 탓에 우리는 더 많은 것을 누릴 수 있었다. 실제로 2000년대 선진국을 방문했던 사람들은 우리가 상대적으로 더 잘산다는 느낌을 받은 적이 많았을 것이다. 하지만 한 나라의 경제 규모에서 아무런 대가 없이 공짜로 누릴 수 있는 것은 없다. 더구나 실물이 뒷받침되지 않고 버블에 기반을 둔 것이라면 그 버블이 터졌을 때 더욱 큰 충격을 받게 된다.

한국인이 번 돈보다
더 부자가 된 이유

우리가 번 돈에 비해 훨씬 더 부자가 될 수 있었던 이유는 우리 국민들이 모두 투자의 달인이었기 때문이 아니다. 우리 국민들에게 '부동산 불패'라는 위험한 믿음을 심어준 '폰지 사기극Ponzi Scheme'이 있었기에 가능했던 일이었다.

찰스 폰지Charles Ponzi는 21세의 나이에 부모가 물려준 막대한 재산을 모두 탕진하고 다니던 대학에서도 퇴학당했다. 이처럼 절망적인 상황에서 그는 고국인 이탈리아를 버리고 미국으로 떠나기로 결심했다. 그런데 1903년 미국으로 가는 배 안에서도 도박판을 벌여 마지막 남은 돈까지 탕진하는 바람에 미국에 도착했을 무렵 그에게는 고작 2달러 50센트만이 남아 있었다. 그 후에도 폰지는 허황된 꿈을 좇다가 실패를 거듭하여 엄청난 빚더미만 짊어지게 됐다.

그러다 1919년, 폰지는 우표로 교환할 수 있는 '답신 쿠폰International Reply Coupon'의 가격이 미국에서는 3달러인데 이탈리아는 1달러밖에 되지 않는다는 것을 알게 됐다. 여기서 아이디어를 얻은 그는 이탈리아에서 답신 쿠폰을 사오는 사업을 시작했다. 또한 폰지는 이 사업에서 나오는 수익에 만족하지 않고, 90일만 투자하면 원금의 50%를 주겠다는 허황된 수익률 광고로 투자자들을 끌어모으기 시작했다. 실제로 수익금을 챙기는 사람들이 생기자 더 많은 사람들이 열광하며 투자에 나서는 바람에 단 6개월 만에 800만 달러, 현재 가치로 1000억 원이 넘는 투자금을 끌어모으게 됐다.

하지만 폰지 사업의 비밀은 새로운 투자자에게 모은 돈을 기존 투자자에게 주는 것으로 50%의 수익률을 유지하는 위험한 방식이었다. 만일 끊임없이 새로운 투자자를 현혹해 돈을 끌어오지 못한다면 언제든 끝날 수밖에 없는 위험한 사기극에 불과했다. 결국 새로운 희생양을 찾아내지 못한 폰지가 6개월 만에 파산하는 바람에 4만 명이 피해를 보았고, 은행 다섯 곳이 문을 닫았다. 그 뒤 그의 이름을 딴 '폰지 사기'는 이처럼 사람을 현혹하여 돈을 갈취하는 것을 뜻하는 말이 됐다.

수요가 사라진 부동산에
미래는 없다

그동안 한국의 부동산 시장에서는 우리가 아는 경제 원칙들이 적용되지 않는 경우가 많았다. 특히 사용연한이 있는 다른 재화들은 모두 감가상각이 적용되지만, 아파트는 오히려 오래된 집이 더 비싸지는 기현상이 일어나기도 했다. 이 같은 현상이 수십 년 계속되자, 한번 오른 부동산 가격은 결코 떨어지지 않는다는 '부동산 불패'의 믿음까지 생겨났다.

2000년 중반까지 집값이 치솟아 오를 수 있었던 이유는 우선 경제성장에 따라 우리 국민들의 실질소득이 지속적으로 증가해왔기 때문이다. 더구나 집을 사는 나이 대인 25~49세의 핵심생산가능인구가 늘어난 것이 결정적인 역할을 했다. 핵심생산가능인구는 1980년 1173만 명에서 2005년 1993만 명으로 지속적으로 늘어났다. 이에 따라 집에 대한 수요가 끊임없이 늘어났고, '부동산 불패'라는 착각이 뿌리 깊게 자리 잡게 된 것이다.

하지만 이제 한국의 경제 환경이 급속도로 악화되면서 더 이상 집값을 지탱하기가 어려워지고 있다. 우선 경제성장률이 3%대까지 떨어진 데다, 그나마 성장의 과실을 모두 기업이 독차지한 탓에 근로자들의 실질임금은 2007년 이후 5년 동안 늘어나기는커녕 오히려 2.3%나 감소했다. 게다가 핵심생산가능인구는 2010년부터 줄어들기 시작했다. 결국 집값 상승의 가장 중요한 원동력이었던 소득과 인구가 지금은 부동산 가격을 끌어내리는 요인으로 바뀐 것이다.

또한, 이미 5060세대가 가구주인 경우 가구 순자산의 80~90%를 부동산에 쏟아부은 탓에 더 이상 부동산 투자 비중을 늘릴 여력이 없게 됐다. 이제 본격적으로 은퇴를 시작한 5060세대는 당장 현금 흐름을 확보하기 위해서라도 과도한 부동산 비중을 반드시 줄일 수밖에 없다.

폰지 사기를 닮은 부동산 부양책은
반드시 실패한다

집값이 떨어지면 경제 전체에 비상이 걸린다. 부의 효과Wealth Effect 가 마이너스로 작용하여 소비가 줄어들고 경기가 위축될 위험이 커지기 때문이다. 이 때문에 '내 임기만 피하고 보자'는 님티NIMTE의 유혹에 빠진 정부는 부동산 시장에서 폰지 사기극을 벌이는 위험한 도박을 하게 된다.

미국의 서브프라임 대출 위기도 바로 이런 위험한 도박 속에서 탄생했다. 2000년 IT(정보기술) 버블이 붕괴되자, 미국 연방준비제도이사회(FRB, Federal Reserve Board)는 단 2년 만에 기준금리를 연 6.5%에서 1.25%로 끌어내렸다. 이에 대해 거품 경제를 우려한 경제학자들이 2003년에 금리를 다시 올려야 한다고 조언했지만, 미국 연준FRB은 이를 비웃듯 금리를 1%로 내려버렸다.

이렇게 금리를 낮추자 집을 살 능력이 안 되던 사람들도 하나둘씩 부동산 투자에 동참하기 시작했다. 하지만 웬만한 중산층까지 거의 다 집을 소유하자 더 이상 집을 사줄 신규 수요가 남아 있지 않았다. 미국 정부는 자신이 후원하는 보증업체(패니메이와 프레디맥)를 총동원하여 신용이 부족해 집을 사기 어려웠던 저소득층에 보증을 서서 집을 사도록 독려하기 시작했다.

당시 부시 행정부는 여기에 그치지 않고 '서민들이 모두 집을 갖는 사회Ownership society'를 만들어주겠다는 거창한 구호를 내세우며, 집을 살 때 먼저 집값의 일정액을 내는 선수금Down payment 제도까지 철폐해버렸다. 덕분에 당장 수중에 돈 한 푼 없는 서민들이 빌린 돈만 가지고도 집을 살 수 있게 됐다. 부시 대통령은 이 정책을 서민들이 집을 살 수 있도록 도와주는 '친서민 정책'으로 포장했지만, 사실은 집값을 더 끌어올리기 위해 폰지 사기극을 시작한 것이었다.

그러나 저소득층까지 부동산 시장에 끌어들인 뒤에는 더 이상 미국에서 폰지 사기극에 끌어들일 새로운 수요가 남아 있지 않았다. 결국 부동산 시장의 수요가 한순간에 사라지고 미국의 부동산 가격이 폭락하기 시작하자, 미국뿐만 아니라 전 세계 경제를 금융 위기의 공포로 몰아넣게 됐다. 그리고 폰지 사기극의 특성상 가장 마지막에 뛰어든 저소득층이 가장 비싼 가격에 부동산을 산 탓에 가장 큰 피해자가 되고 말았다.

'내 집 마련'을 위한
저금리 대출 정책의 비밀

최근 우리나라의 부동산 부양책은 점점 미국을 닮아가고 있다. 미국과 다른 점이 있다면, 미국의 마지막 폰지 사기가 주로 저소득층과 소수 인종을 대상으로 했던 반면, 우리나라에서는 청년이 바로 주요 대상이 되고 있는 점이다. 정부는 부동산을 살 수 있는 기성세대가 줄어들자 청년들에게 장기 저금리 집값을 대출해주는 정책을 내놓았다. 청년이 집을 살 수 있도록 지원하는 정책으로 포장이 되었지만, 자칫 미국처럼 부동산 가격이 하락한다면 가장 마지막에 부동산 시장에 뛰어든 청년들이 가장 큰 피해를 볼 수밖에 없다.

우리나라에서 평균 소득을 버는 청년이 부모의 지원을 받지 않고 자신의 수입만으로 서울에서 국민주택 규모의 아파트를 산다면 원리금을 갚는 데 무려 40년이 걸린다. 이런 상황에서 빚을 져서라도 집을 사도록 유도하는 정부의 정책은 청년들에게 막대한 빚만 떠넘기게 될 것이다. 실제로 2014년에 가구주가 40~50대인 가구는 전년보다 빚이 줄었지만, 30세 미만인 경우 빚이 단 한 해 만에 11.2%나 늘었고 30대의 경우도 7%나 늘어났다. 이대로 경제가 살아나지 못한다면, 경제활동 초기에 떠안게 된 천문학적인 빚을 평생 동안 갚아나가야 하는 청년들이 급속도로 늘게 될 것이다.

정부가 지금처럼 청년들이 빚을 져서라도 집을 사도록 유도하는 정책을 계속 고집해서는 결코 집값을 지킬 수 없다. 빚으로 집값을 유지하는 정책은 내일의 주택 수요를 오늘로 끌어오는 미봉책彌縫策에 불과하기 때문이다. 진정한 부동산 부양책은 든든한 주택 수요 기반을 장기적으로 회복시키는 데 있다. 이를 위해서는 무엇보다 2008년 세계 금융 위기 이후 급속도로 줄어든 청년과 저소득층의 소득 기반을 다시 회복시키는 데에 우리의 정책적 여력을 집중해야 할 것이다.

우리 정부가 거대한 인구 구조와 경제 환경의 변화의 파고를 빚더미로 틀어막으려는 위험한 시도를 한다면 이는 사실상 '폰지 사기극'이나 다름이 없다. 더 이상 부동산 시장에 끌어들일 새로운 희생양을 찾지 못한다면 폰지 사기극은 실패할 수밖에 없고, 엄청난 경제적 대가를 치르게 될 것이다. 미국이나 일본 같은 경제 대국조차 자신들이 벌인 폰지 사기극을 감당하지 못하고 경제 위기와 장기 불황을 겪었다는 점을 결코 잊어서는 안 된다.

02

바나나의 저주에 걸린
한국 부동산

전 세계에서 한국만큼 가계 자산이 부동산에 편중된 나라는 찾아보기 어렵다. 우리나라에서 부동산 등 비금융 자산이 총자산에서 차지하는 비중은 무려 75%나 된다. 이에 비해 미국 가계 자산 중에서 부동산 비중은 32%에 불과하고, 일본도 41% 정도이다.[2] 우리나라의 부동산 쏠림 현상은 1989년 부동산 버블 붕괴 직전 일본의 70%보다도 훨씬 심각하다.

특히 한국을 제외한 대부분의 나라에서는 은퇴에 가까울수록 전체 자산에서 부동산이 차지하는 비중이 줄어드는 반면, 우리나라는 나이가 많을수록 부동산 비중이 높아지는 기현상이 발생하고 있다. 2014년 가계금융·복지 조사에 의하면, 30대가 가구주인 경우 가구 순자산의 69%가 부동산이었다. 그런데 이 비율이 나이에 비례해 높아지면서 60세 이상 가구주의 경우 순자산의 무려 90%가 부동산이었다.

한국만의 독특한 현상은 이것만이 아니다. 30대 가구주가 평균적으로 자신의 소득과 비슷한 금액의 빚을 지고 있는 데 반해, 60대 이상의 경우 자기 소득의 무려 1.6배에 이르는 대출을 받았다. 나이가 들수록 부동산 비중을 줄이고 대출을 갚아나가는 다른 나라와 정반대로, 나이가 많을수록 오히려 자신의 소득에 비해 더 많은 빚을 지고 부동산을 유지하고 있는 것이다.

우리나라는 부동산에 대한 쏠림 현상이 너무나 과도하기 때문에 이미 기성세대 안에서는 더 이상 부동산에 투자할 새로운 수요를 찾기가 불가능하다. 결국 남은 것은 새로 사회에 진출하는 젊은 세대가 사주는 길밖에 없는데, 젊은 세대의 인구는 2차 베이비부머에 비해 반 토막으로 줄어든 데다 소득도 정체되어 있기 때문에 충분한 수요를 확보하기가 쉽지 않다. 이처럼 경제 상황이 완전히 변했는데도 기성세대는 언제 올지도 모르는 부동산 상승기에 뒤처질까 봐 전전긍긍하며 부동산만 부둥켜안고 노후를 맞이하고 있는 셈이다.

바나나의 멸종 위기를 닮은
한국 경제

국민 대부분이 부동산에 매달린 상황에서 언제 부동산 가격이 떨어질까 두려워 전전긍긍하는 상황은 바나나의 멸종 위기를 쏙빼닮았다. 현재 우리가 먹는 바나나는 멸종 위기에 처해 있다. 당장 눈앞에 돈이 되는 것에만 몰두해 전 세계가 '캐번디시'라는 단일 품종의 바나나를 재배하는 우愚를 범했기 때문이다.[3]

인간이 개입하기 전 자연계의 바나나는 다양한 품종으로 이루어져 있었다. 이 때문에 어떤 병충해가 유행해서 특정 품종이 치명적인 타격을 받는 경우는 있어도 전체 바나나가 멸종하는 일은 좀처럼 일어나기 어려웠다.

하지만 당도가 높고 잘 자라는 캐번디시 종이 발견된 이후 전 세계의 거의 모든 바나나 농장이 캐번디시 종으로 바꾸었다.[4] 이런 상황에서 캐번디시 종의 바나나 나무에 유독 치명적인 'TR4'라는 곰팡이균이 전 세계로 퍼지기 시작했다. TR4는 뿌리를 타고 올라가 관다발을 막아버리기 때문에 바나나가 누렇게 죽게 되는데, 이를 치료할 방법이 전혀 없어서 '바나나 불치병'으로 불리고 있다. 그런데 바나나의 유전자가 캐번디시로 단일화된 탓에 TR4가 급속도로 확산되면서 바나나 전체를 멸종 위기로 내몰고 있다.

바나나가 멸종 위기에 빠졌던 것은 이번이 처음이 아니다. 1960

년대에는 '그로스 미셸'이라는 품종이 세계 시장을 지배하고 있었다. 당시에는 이 품종만큼 당도가 높고 잘 자라는 품종이 없었기 때문이었다. 그런데 그로스 미셸에 치명적인 'R1'이라는 균주가 퍼지면서 바나나가 멸종 위기에 처하게 됐다. 다행히 영국 캐번디시 공작의 정원사가 우연히 R1에 강한 지금의 캐번디시 품종을 발견한 덕분에 멸종해가던 그로스 미셸 품종을 대체하여 바나나의 멸종을 막을 수 있었다.

위기를 넘는 힘은
'종의 다양성'이다

이처럼 하나의 생태계가 비슷한 유전자로 통일되는 것은 매우 위험한 일이다. 개체 수가 아무리 많아도 유전자가 단일화되어 있는 경우에는 하나의 충격만으로도 멸종에 가까운 위기를 맞을 수 있기 때문이다. 지금 우리나라의 부동산 쏠림 현상도 이와 마찬가지다. 전체 부동산 비중이 가구 순자산의 80~90%를 차지할 만큼 대부분 국민들의 자산 배분이 한 곳에 편중되어 있는 상황에서는 미국의 금리 인상이나 신흥국의 금융 불안 같은 작은 충격만으로도 전체 시스템이 흔들리는 위기로 치닫게 될 수 있다.

실제로 1989년 일본의 부동산 버블이 꺼질 당시 일본 가계의 부동산 비중은 70%로, 부동산에 편중되어 있었다. 당시 일본에서는 부동산 투기에 성공한 연예인이 매일 TV에 출연해 자신의 부를 자랑했고, 국민들은 이처럼 부동산 투기에 성공한 사람들을 우상처럼 여겼다. 그런데 버블을 우려한 일본 금융 당국이 금리를 올리자 순식간에 부동산 시장이 붕괴되기 시작했다.

일본의 버블이 붕괴된 근본 원인은 갑자기 긴축정책을 썼기 때문이 아니라, 정책 당국의 금리 인상 같은 작은 충격조차 못 견딜 만큼 부동산 시장의 쏠림 현상이 너무나 심각한 상황에 있었기 때문이다. 복잡계 경제학의 시각으로 볼 때, 당시 일본 정부의 긴축정책은 이미 '임계상태'에 있던 부동산 버블을 터뜨린 방아쇠가 되었을 뿐이었다.

그런데도 우리 정부는 당장 방아쇠만 막겠다는 생각에 집착해 빚더미를 더욱 부풀리고 부동산에 대한 쏠림 현상을 더욱 가속화시키고 있다. 부동산 부양책을 융단폭격처럼 퍼부으면 일본과 같은 부동산 버블 붕괴를 막을 수 있다고 믿고 있는 듯하다. 하지만 과도한 부동산 부양책은 소비와 투자 같은 생산적인 활동에 쓰일 돈까지 부동산 시장으로 몰아넣어 경기 불황을 더욱 가속화시키고, 장기적으로는 부동산 시장의 불안만 더욱 가중시키게 될 것이다.

이 같은 정책 기조는 우리 경제를 마치 캐번디시라는 단일 품종으로 통일된 바나나 농장처럼 작은 경제 변수의 변화만으로도 흔들릴 수 있는 매우 취약한 경제구조로 만들고 있다. 만일 우리 정부가 '바나나의 멸종 위기'가 주는 중요한 교훈을 무시하고 국민 전체를 계속 한 방향으로 몰아간다면 그 끝에는 무시무시한 벼랑이 기다리고 있을 뿐이다.

이러한 비극을 피하려면 생산가능인구 비중이 본격적으로 감소하기 전에 주어진 이 소중한 '골든타임'에 부동산 쏠림 현상을 완화하는 정책을 써나가야 한다. 만일 지금처럼 쏠림 현상을 방치하다가 생산가능인구 비중이 급격히 줄어드는 시기가 도래하면, 버블 붕괴를 막기가 거의 불가능에 가까워질 것이다. 진화경제학에서 지속 가능한 경제를 위해 무엇보다 '종種의 다양성'을 중요하게 보는 이유가 바로 여기에 있다.

03
요동치는 집값,
살 때인가? 팔 때인가?

2015년 상반기 주택 거래량이 61만 건을 넘어 2014년보다 무려 29%나 늘어난 것으로 나타났다. 이는 관련 통계를 작성하기 시작한 2006년 이후, 반기 거래량으로는 사상 최대치였다. 이렇게 거래량이 늘면 집값이 폭등했던 과거의 학습 효과 때문에 '집을 사야 하나, 말아야 하나'하는 고민이 늘고 있다.

더구나 월세 전환이 가속화되면서 집을 사야 할 때인지 팔아야 할 때인지에 대한 고민이 더욱 커지고 있다. 2013년 4월 이전에는 집을 구입하는 것보다 월세로 사는 것이 더 저렴했지만, 금융 당국이 기준금리를 거듭 인하한 탓에 월세가 더 비싸지는 역전 현상이 시작됐다.

스위스계 투자은행인 크레디트 스위스Credit Suisse가 2013년 10월

서울과 수도권 주요 아파트 단지의 월세 및 자가 주거 비용을 비교한 결과, 월세의 주거 비용(집값의 2.99%)이 자가(2.59%)를 초과했고 그 격차가 점점 더 커지고 있는 것으로 나타났다. 그렇다면 당장 월세를 절약하기 위해 집을 사야 할까? 구입해야 한다면 어떤 점을 주의해야 할 것인가?

노래하는 '부동산 황제'가
실패의 상징으로 전락한 사연

1989년까지 대부분의 일본인들이 부동산은 절대 값이 떨어지지 않는 매우 안전한 자산으로 생각했다. 이 같은 '부동산 불패'의 신화 속에서 자신의 모든 것을 부동산에 던졌던 대표적인 사람이 일본의 유명한 엔카 가수인 센 마사오千昌夫였다. 그는 1965년 무작정 도쿄로 올라와 힘든 무명 시절을 보냈지만 노래 한 곡이 성공하면서 인생 역전이 시작됐다. 결국 일본의 대표적인 쇼 프로그램인 'NHK 홍백가합전'에 열네 번이나 출연할 만큼 큰 인기를 끌었다.

열심히 가수의 길을 걸어가던 센 마사오의 운명을 송두리째 바꾼 것은 센다이 시仙台市에 우연히 사들였던 부동산이었다. 그가 산 땅 바로 옆에 철도가 들어서면서 순식간에 가격이 몇 배로 뛰어올라 큰돈을 벌게 된 것이다. 이 같은 요행을 맛본 뒤 그는 본업인 가수보다 부동산 투기에 열을 올렸다. 지방 도시의 임야를 사들이고 그

임야를 담보로 다시 대출을 받아 건물을 사는 식으로 부동산을 불려나가는 위험한 방식으로 투기를 했지만, 자고 나면 무조건 부동산 가격이 오르던 시대에는 만지는 대로 황금으로 변하는 '미다스Midas의 손'처럼 여겨졌다.

그 결과 1980년대 후반에는 그의 부동산 자산이 3000억 엔, 즉 2조 9000억 원 정도로 불어나 '노래하는 부동산 황제'로 불리기 시작했다. 이후 센 마사오는 본업인 노래보다 오히려 부동산 투자의 훈수를 두는 고수로 TV 프로그램에 출연하는 경우가 더 많아졌다. 각종 연예 프로그램들에서 그의 부동산 투자 성공을 찬양하고 그를 '부동산 영웅'으로 추앙하기 시작했다.

하지만 그의 성공 신화는 1991년 갑작스러운 부동산 가격 폭락과 함께 한순간에 무너져 내리고 말았다. 3조 원에 육박하는 자산 중 80%가 은행 빚이었던 그는 부동산 가격 폭락으로 1030억 엔, 우리 돈으로 1조 원이 넘는 천문학적인 빚을 지게 됐다. 결국 그는 부동산 값 폭락 직후, 밴드를 고용할 돈조차 없어서 혼자 노래를 부르고 직접 자신의 음반을 팔아야 하는 초라한 신세가 되고 말았다. 한때 '부동산 황제'로 불렸던 센 마사오가 부동산 거품 붕괴의 비극을 상징하는 최악의 실패 사례로 전락한 것이다.[5]

당신은 과연 폭락 직전에
사지 않을 자신이 있는가?

비록 비극으로 끝나고 말았지만, 적어도 센 마사오는 부동산 거품이 만든 막대한 부를 제대로 만끽하고 마음껏 즐겨봤다고 할 수 있다. 하지만 대부분의 소시민들은 한창 가격이 오를 때는 주저하고 망설이다가 거품이 최고조에 이르렀을 때 늦게서야 올라타서 평생 번 돈을 다 날리는 경우가 많았다.

네덜란드에서는 튤립 한 뿌리의 가격이 집 한 채 가격과 맞먹던 시기가 있었다. 바로 세계 경제사에서 가장 유명한 투기 사건 중에 하나인 '튤립 투기'가 일어났던 17세기 초반이었다. 당시 네덜란드의 풍경 화가였던 얀 반 호이엔Jan van Goyen은 튤립 가격이 계속 폭등하던 10여 년 동안 튤립에 큰 관심이 없다가, 1637년 2월 2일 자신의 전 재산을 털어 튤립을 사가지고 집으로 돌아왔다. 그러나 그 다음 날부터 튤립 값이 폭락하여 순식간에 100분의 1 토막이 나고 말았고, 결국 전 재산을 날리고 만 호이엔은 19년 동안 물감 살 돈조차 없을 정도로 가난에 시달리다가 쓸쓸히 숨을 거두었다.[6]

이처럼 한 종류의 실물 자산에 전 재산을 투자하는 것은 매우 위험한 일이다. 아무리 오랫동안 폭등을 지속해왔던 자산이라 할지라도 언제 가격이 폭락할지 예측하기는 매우 어렵기 때문이다. 그런데 우리나라에서는 부동산이라는 한 종류의 실물 자산에 거의 전 재산을 걸고 있다. 이는 세계적으로도 매우 드문 현상일 뿐만 아니라, 특히 지금처럼 집값 상승 전망과 하락 전망이 엇갈리는 상황에서는 과도한 빚까지 지어가며 부동산 비중을 높이는 것은 참으로 위험천만한 선택이 될 수 있다.

앞으로 집값은
오를 것인가? 떨어질 것인가?

튤립 투기가 일어났던 네덜란드는 세계에서 가장 먼저 자본주의를 꽃 피운 나라로도 유명하다. 이 때문에 예로부터 각종 통계가 발달했는데, 특히 네덜란드를 대표하는 '헤렌흐라흐트 주택지수'는 무려 400년에 가까운 역사를 자랑하고 있다. 그런데 이 주택지수를 보면, 1629년부터 1972년까지 명목 주택가격 상승률이 물가 상승률과 상당히 유사한 것으로 나타났다. 어떻게 보면 주택도 하나의 재화이기 때문에, 매우 오랜 시간에 걸쳐 관찰하면 집값이 물가 상승률과 비슷한 수준으로 오르는 것은 지극히 자연스러운 결과일 것이다.

우리나라도 월드컵을 개최했던 2002년까지는 집값이 물가 상승률과 비슷한 속도로 올라왔다. 하지만 2002년 이후부터 집값이 물가와 비교할 수 없을 정도로 빠르게 올라 엄청난 '집값 폭등'을 경험하게 됐다. 이처럼 집값이 물가 상승률보다 훨씬 더 빠르게 치솟아 오른 가장 큰 이유는 바로 인구 구조의 변화 때문이다. 우리나라에서 한 해 출생자 수가 가장 많았던 세대는 2차 베이비부머(1968~1974년 출생자)였다. 바로 이 세대가 2002년 이후 30대로 진입해 앞다투어 집을 사기 시작하면서 집값 상승을 이끌었다. 이것은 때마침 40대로 접어든 1차 베이비부머(1955~1963년 출생자)가 더 넓은 평수로 갈아타기 시작한 시기와 겹치면서 집값은 대폭등을 하게 됐다.

그러나 이제 우리나라는 인구 구조의 극적인 반전을 목전에 두고 있다. 집값 상승을 이끌었던 2차 베이비부머는 한 해 출생자 수가 100만 명이 넘었지만, 지금 30대에 진입한 1984년생 이후부터는 출생자 수가 고작 60만 명대에 불과한 상황이다. 이처럼 집을 살 수 있는 청년들의 숫자가 급격히 줄어들고 있는 데다 청년들의 소득마저 정체되고 있다.

2014년 20~30대 가구의 월평균 소득 증가율은 고작 0.7%에 불과해, 50대 가구의 월평균 소득 증가율인 7.2%의 10분의 1도 되지 않았다. 청년들이 이전 세대와 달리 '제대로 된 직장Decent Job'을 갖지 못하고 시간제 계약직 일자리를 전전하고 있기 때문이다. 결국 지금의 청년들은 인구로도 소득으로도 가뜩이나 오른 집값을 감당하기가 쉽지 않은 상황이다. 이 때문에 정부가 부양책을 내놓으면 그때만 반짝 주택 경기가 살아나고, 그 부양책의 일시적인 효과가 끝나면 다시 주택시장이 얼어붙는 현상이 거듭되고 있다.

만일 정부가 부양책을 쓰지 않고 부동산을 시장에만 맡겼다면, 2002년부터 2008년까지 물가 상승률을 뛰어넘어 치솟아 올랐던 집값 상승분을 지금쯤은 고스란히 반납했을 가능성도 배제할 수 없다. 정부가 수십 차례에 걸쳐 쏟아낸 끝없는 부양책으로 잠깐 동안 집값을 끌어올리는 데에는 성공했지만, 단기적인 부양책으로 영원히 시장의 힘을 막아내기는 쉽지 않을 것이다.

따라서 '인구 구조 악화와 만성적 소득 정체 현상'으로 인해 부동산 값을 끌어내리는 시장의 힘과 '초저금리와 각종 세제 지원'으로 무장한 당국의 힘겨루기가 어떻게 흘러가느냐에 따라 앞으로 집값이 크게 요동칠 가능성이 크다. 그렇다면 이렇게 불확실한 상황에서 집에 대한 투자는 어떻게 하는 것이 좋을까?

부동산을 살 때
반드시 검토해야 할 3가지 체크포인트

정부의 융단폭격과도 같은 집값 부양책 속에서 집을 사야 할지 말아야 할지 고민하는 사람들이 한둘이 아닐 것이다. 언젠가는 물가 상승률에 다가가려는 시장의 힘이 반드시 승리하겠지만, 집값 하락 압력이 커질수록 정부의 부양책도 상상을 초월할 만큼 강력해지고 있기 때문에 단기적으로는 집값의 향방을 내다보기가 매우 어렵다. 더구나 예측 불가능한 정부의 부동산 부양책이 쉴 새 없이 쏟아져 나오는 바람에 정책 리스크가 커지면서 집값을 요동치게 하는 주된 원인이 되고 있다.

이 같은 상황에서 전세난에서 벗어나거나 월세 부담을 줄이려는 실수요자들이 내 집 마련을 고려하고 있다면, 전 재산을 부동산에 걸었다가 노후를 송두리째 잃어버리는 실패를 하지 않기 위해서 다음과 같은 세 가지 체크포인트를 반드시 확인해야 한다.

첫째, 돈을 빌려 집을 살 경우에는 대출을 받은 이후의 현금 흐름을 철저하게 따져봐야 한다. 내가 산 주택 가격보다 상승할 거라는 기대로 무리한 대출을 받아 내 집 마련을 했다가는, 과도한 대출로 인한 이자 부담과 원리금 상환 부담으로 생활고에 시달리는 '하우스 푸어'에서 평생 벗어나지 못할 수도 있다.

둘째, 집을 살 때 빌린 돈을 다 갚고도 노후 준비에 문제가 없는지 꼼꼼히 따져봐야 한다. 집값이 오른다는 보장이 사라진 현 상황에서 은퇴 이후에 집을 판 돈으로 노후를 대비하겠다는 생각은 참으로 위험천만한 발상이다.

셋째, 장부가를 의지해서도 믿어서도 안 된다. 사람은 본능적으로 내가 얼마에 집을 샀는지에 집착하게 된다. 하지만 부동산은 실물 자산이다. 일단 부동산을 산 이후의 가격은 시가에 따라 계속 변한다. 이 때문에 장부가를 믿고 안심하거나 장부가에 집착해 적절한 처분 시기를 놓치면 나중에 큰 낭패를 볼 수 있다는 점을 명심해야 한다.

이제 집을 사기만 하면 무조건 물가 상승률을 뛰어넘는 엄청난 시세 차익Capital Gains을 누리던 시대는 사실상 끝났다. 앞으로는 사용가치를 누리기 위해서나 임대 소득을 얻기 위해 집을 사는 시대가 될 것이다. 지금 정부가 할 일은 그러한 시대로 옮겨가는 과정에서 경제적 충격을 완화하는 미세조정Smoothing Operation을 하는 것이다.

하지만 지금 우리 정부는 이미 지나간 '부동산 불패의 시대'를 되돌리려는 허황된 꿈을 좇아 안간힘을 쓰고 있는 듯 보인다. 그러나 이는 이미 물이 새기 시작한 불안정한 댐에 물을 다시 퍼 담으려는 것만큼 무모하고 위험한 시도일지 모른다. 가뜩이나 금이 간 댐에 물을 퍼 넣었다가 자칫 댐이 무너져 내리기라도 한다면, 그때는 우리가 도저히 감당할 수 없는 큰 홍수를 불러올 수도 있다.

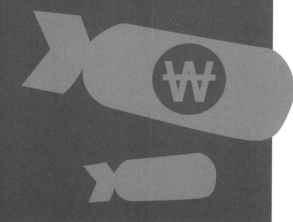

세금은 군대보다 더 무서운 무기다

"
부자의 세금을 줄여주면
경제가 살아난다는 '부자 감세의 기적'은
왜 아직도 일어나지 않는가?
"

01

연말정산 '세금 폭탄', 기업에는 '감세 추진'

2014년 우리나라는 세금이 무려 11조 원이나 모자라는 바람에 비상이 걸렸다. 정부가 빚을 내지 않고는 당장 쓸 돈조차 없는 상황에 내몰린 것이다. 이처럼 나라의 곳간이 텅 비는 바람에 정부가 돈을 제때 쓰지 못해 2014년 4분기에는 경제성장률이 전 분기 대비 0.4%까지 추락하기도 했다.

이 때문에 당장 세수에 목말랐던 정부가 투명지갑인 월급쟁이들의 연말정산까지 손을 댔다가 거센 반발에 부딪쳤다. 특히 자녀가 많을수록 세금 부담이 더 크게 늘어나는 바람에 많은 국민의 분노를 샀다. 조세 정책이 정부의 최대 역점 사업인 출산장려 정책에 완전히 역행했기 때문이었다. 게다가 상대적으로 서민에게 더 큰 부담을 주는 담뱃세까지 대폭 인상해 담뱃값의 4분의 3이 세금이 될 정도가 됐다.

이처럼 온갖 수단을 다 동원해 서민들에게 부과되는 세금을 늘렸던 정부가 부유층의 상속세 공제를 대폭 확대하는 세법 개정안을 고집하는 바람에 갈등이 빚어졌다. 극도로 심각한 세수 부족으로 서민들의 호주머니 돈까지 털어야 하는 상황에서 부유층에게 상속세를 공제해주면 결국 그 부담은 다시 수많은 서민에게 돌아갈 수밖에 없기 때문이다.

부자의 세금을 깎아준 만큼
누군가는 세금을 더 내야 한다

정부가 '13월의 세금 폭탄'으로 불리는 연말정산 사태를 일으키게 된 세법 개정안을 만든 것은 2013년이었다. 그런데 이와 동시에 정부는 부유층의 상속세 공제를 대폭 확대하는 방안을 이 세법 개정안에 함께 포함시켰다. 매출이 3000억 원 이하인 기업을 상속받을 때 무려 500억 원까지 상속세를 공제해주도록 한 것이다. 우리나라 전체 기업의 99.8%가 매출액 3000억 원을 넘지 않기 때문에, 몇몇 재벌을 제외하면 대부분의 기업이 상속세를 공제받을 수 있는 길이 열린 것이다.

게다가 이 제도에 의하면 30억 원을 상속받은 개인은 수억 원대의 상속세를 내야 하지만, 가업을 갖고 있는 부유층의 자녀는 500

억 원을 상속받아도 상속세를 한 푼도 내지 않는 조세 역전 현상이 일어나기 때문에 조세 형평성에도 어긋난다.

그런데도 정부의 기업 상속세 공제 노력은 여기서 그치지 않았다. 2014년 12월, 사상 최악의 세수 결손 속에서도 정부는 상속세 공제 대상과 금액을 더욱 확대하려고 시도했다. 가업 상속 공제 대상을 매출 3000억 원에서 5000억 원으로 확대하고 공제 한도도 1000억 원으로 확대하는 '상속세 및 증여세법 개정안'을 국회에 제출한 것이다. 이 개정안이 통과되면 우리나라 기업의 99.9%가 상속세 감면 대상에 들어가게 되어 사실상 기업 승계에 대한 상속세가 무력화되는 것이나 다름이 없다. 더구나 기업인 자녀 한 명에게 돌아가는 상속세 공제 혜택이 최고 400억 원을 넘을 정도로 부유층 개인에게 엄청난 혜택이 돌아가는 감세 제도였다. 하지만 이 법안은 국회의원들 사이에서도 지나친 부자 감세라는 공감대가 커지면서 거센 반발을 샀고 결국 부결됐다.

이렇게 이미 한 번 국회에서 부결이 났는데도 불구하고, 2015년 1월 2일에는 청와대까지 직접 나서 '가업 상속 공제'를 재추진하라고 촉구했다. 세수가 바닥이 난 비상 상황에서 이렇게 기업가들의 상속세를 공제해주기 위해 정부가 발 벗고 나선 이유는 무엇일까? 당시 정부는 상속세를 공제해줘야 기업 오너의 자녀가 기업을 물려받아 계속 경영할 수 있고, 그렇게 혜택을 받은 기업 오너의 자녀가 기업을 더 발전시켜 고용이 늘어나게 될 것이라고 주장했다.

만일 일부 부유층의 상속세 공제에 따른 '세수 부족의 심화'와 '사회 정의의 훼손', '조세 형평성의 붕괴', 그리고 '소외 계층의 상대적 박탈감' 같은 사회적 손실보다 오너 자녀의 경영 승계에 따른 사회적 이득이 훨씬 더 크다면, 정부의 주장이 어느 정도 정당화될 수 있을지도 모른다. 하지만 이 같은 정부의 주장과는 반대로 가업 상속에 대한 특혜성 상속세 공제는 오히려 시장의 기능을 마비시켜 경제의 비효율성을 키우는 역효과가 만만치 않다.

오너의 자녀가 기업을 물려받아야만
경제가 좋아진다?

우리가 이미 조현아 전 대한항공 부사장의 예에서 확인할 수 있듯이, 반드시 기업 오너의 2세나 3세가 기업을 물려받아야 더 좋은 기업이 된다는 증거는 전혀 없다. 오히려 상속세는 시장의 기능을 통해 오너 2세의 능력과 자질을 검증하는 중요한 역할을 한다. 오너 2세가 기업을 물려받으려면 당장 상속세를 내기 위해 자금을 마련해야 한다. 이때 '시장'이 오너 2세의 경영 능력이 충분하다고 판단한다면, 상속세를 내기 위한 자금 조달에 아무런 문제가 없을 것이다.

그러나 오너 2세의 능력이 경영을 계속 이어나가기에 미흡하다고 '시장'이 판단하면, 상속세를 내기 위한 자금을 마련하기가 그만큼 어려울 수밖에 없다. 그러면 상속세를 마련하지 못한 오너 2세는 더 효율적이고 성공적인 경영진을 찾아 기업을 매각하게 된다. 또한 상속세를 통해 기업 오너 자녀의 지분이 희석된 기업들은 뛰어난 전문경영인을 영입해 더욱 놀라운 도약을 이루는 경우가 많다. 실제로 미국을 대표하는 GM, GE 등 우리가 아는 유명한 글로벌 기업들 중에 상당수가 이런 과정을 거쳐 세계적인 기업으로 성장했다. 그리고 이 같은 기업들은 미국이 세계 최강의 경제 대국으로 성장하는 데 중요한 밑거름이 되어왔다.

따라서 반대로, 기업 오너의 자녀에게 상속세를 공제하는 특혜를 주면 이 같은 시장의 선별 기능이 마비되어 우리 경제에 매우 치명적인 악영향을 줄 수 있다. 현행 가업 상속 공제 제도는 부모의 기업을 물려받겠다고 선언하고 10년 이상 기업을 유지해야 상속세가 공제된다. 이 때문에 아무리 능력이 없는 오너 2세라고 하더라도 일단 수백억 원대에 이르는 많은 상속세를 공제받기 위해서는 무조건 경영권을 물려받는 선택을 할 수밖에 없다. 이 과정에서 무능력한 2세를 솎아내는 '시장의 선별 기능'은 정지될 수밖에 없다.

이러한 이유 때문에 기업 오너의 자녀가 상속세 없이 기업을 물려받아야만 투자와 고용이 더 늘어나 경제가 더 발전할 것이라는 정부의 주장에는 중대한 하자가 있다. 설사 상속세 공제로 일부 기업이 일시적으로 투자와 고용을 늘린다 하더라도, 오너 2세의 상속세를 공제해주면서 발생하는 각종 경제적·사회적 부작용들이 너무 크기 때문에 이를 모두 상쇄할 것이라는 보장이 전혀 없다.

기업 상속 공제에
'헌법불합치' 판정을 내린 독일

2015년 1월 2일 청와대는 가업 상속 공제의 재논의를 촉구하면서 우리나라의 가업 상속 공제가 '독일'에 비해 까다롭다고 강조했다. 과연 이 같은 주장은 사실일까?

2009년 독일도 가업을 상속할 때 상속세를 감면하는 제도를 도입했다. 하지만 도입과 동시에 거센 반대에 부딪쳤다. 부모가 기업을 가지고 있었다는 이유만으로 세금을 공제해주는 것은 독일 조세 제도의 형평성을 심각하게 위배한다는 지적이었다.

더구나 기업 경영권이 왕권처럼 세습되면 경쟁의 원칙이 훼손되어 시장의 효율성이 크게 떨어질 것이라는 비판도 계속됐다. 결국 2014년 12월 16일 독일의 헌법재판소는 가업 상속 감면 제도에 대해 헌법불합치Unconstitutional[1] 판결을 내렸다. 이에 따라 독일 정부는 2016년까지 공제 대상이나 규모를 크게 축소하거나 폐지해야 한다.

독일 헌법재판소가 기업 상속 공제에 대해 헌법불합치 판정을 내린 사실은 비단 독일 언론뿐만 아니라 《워싱턴 포스트》와 《뉴욕 타임스》, 《파이낸셜 타임스》 등 미국과 전 세계 언론을 통해 대대적으로 보도됐다.

그런데 이미 헌법불합치 판정이 난 지 보름이나 지난 2015년 1월 2일, 우리 청와대는 '독일처럼' 상속세 공제 대상을 완화하자고 촉구한 것이다. 만일 청와대가 독일의 헌법불합치 판결 사실조차 몰랐던 것이라면 너무나 충격적인 무지無知일 것이다.

노력이 차이를 만들지 못하는 나라에서는
혁신이 있을 수 없다

독일의 조세체계는 근본적으로 우리와 큰 차이가 난다. 독일에서는 우리나라보다 소득세 실효세율이 훨씬 높다. 또한 돈을 굴려서 돈을 버는 데 대해 부과하는 자본이득세도 우리나라보다 광범위하게 적용된다. 이 때문에 독일에서는 상속세가 아니더라도 이미 다른 세금으로 부유층에게 많은 세금을 걷고 있다.

또한 독일 기업들은 우리나라와 달리 일·학습 병행제를 하는 학생들에게 수천만 원의 생활비를 지급하는 사회적 기능까지 하고 있다. 그런 독일조차도 공정성에 어긋난다는 이유로 기업 상속 공제에 대해 헌법불합치 판결을 내린 것에 주목해야 한다.

자본주의의 핵심은 결국 공정한 경쟁 시스템에 있다. 아무리 무능력해도 부모 잘 만난 덕에 세금 한 푼 안 내고 부모의 부富를 고스란히 물려받을 수 있다면, 누가 치열하게 노력하며 발전을 도모하겠는가?

반대로 아무리 노력해도 물려받은 부를 따라갈 수조차 없는 경제구조에서는 새로운 도전을 하려는 의욕이 감퇴될 수밖에 없고, 새로운 혁신이 나오는 것도 불가능에 가깝다. 독일에서는 '과도한 특혜'라는 이유로 헌법불합치 판결을 받은 기업 상속 공제가 우리나라에서는 왜 경제 활성화 방안으로 둔갑했던 것인지 의문이다.[2]

02

부자 증세하면
정말 경제가 무너질까?

2014년 연말 세수 부족에 대한 우려가 커지자 부자 증세의 필요성이 제기됐다. 하지만 우리 정부는 증세를 하면 경기가 위축될 것이라며 부자 증세 논의를 일축했다. 게다가 일부 경제연구소나 경제단체는 부자 증세를 하면 당장이라도 경제가 무너질 것처럼 호들갑을 떨었다.

그런데 2014년 1월 20일 버락 오바마Barack Obama 미국 대통령은 신년 국정 연설에서 '경제 1등 미국'을 내세우며 상위 1% 부유층에 대한 증세를 선언했다. 그리고 모든 이들이 소득을 늘리고 기회를 창출하는 경제를 만들기 위해 이렇게 확보된 세수를 교육에 투자해야 한다고 목소리를 높였다.

이 같은 오바마 대통령의 연설은 부자 증세가 경기 위축을 가져올 수 있다는 우리 정부의 주장과 너무나 대조적이다. 우리 정부의 주장대로라면 오바마 대통령은 미국 경제를 둔화시킬 수 있는 매우 위험한 정책을 내세웠던 것이다. 도대체 오바마 대통령은 무엇을 믿고 상위 1%에 대한 증세와 교육 투자를 외쳤던 것일까?

위대한 번영의 비밀

미국에서 부유층의 세율이 가장 높았던 시기는 바로 1940년대 중반부터 1960년대 중반까지였다. 1951년부터 1963년까지 미국은 40만 달러를 초과하는 '슈퍼 부자들'의 소득에 대해 최고 91%의 연방 소득세율을 적용했다. 최근 프랑스에서 논란이 됐던 부유세 세율이 최고 75%였던 것과 비교하면, 당시 미국의 소득세율이 얼마나 높았는지 쉽게 짐작할 수 있다.

부유층의 세율을 1%p만 올려도 경제가 망할 것처럼 우려하는 사람들에게 90%가 넘는 최고 소득세율은 당장 경제가 붕괴되어도 이상하지 않을 정도로 높은 세율이다. 하지만 그들의 우려를 비웃듯 당시 미국 경제는 경이로운 호황을 누렸다. 중산층의 소비가 크게 늘어나면서 기업의 투자가 늘어났고, 일자리가 끊임없이 창출됐다.

경제 원론은
왜 빛나갔을까?

학부 수준의 '경제 원론'만 배운 사람들은 부유층에 대한 세금을 높이면 부유층의 근로 의욕과 투자가 줄어 경기 불황이 가속화될 것이라고 쉽게 결론짓는다. 하지만 이 같은 경제 이론과 달리 실제 사람들의 행동은 그렇게 단순하지 않았다.

당시 미국의 부유층은 자신의 성취동기나 과시욕, 명예 때문에 세금을 아무리 높여도 노동 공급을 줄이거나 투자를 꺼리지 않았다. 실제로 미국의 투자가인 워런 버핏Warren Buffett은 "과거에 세율이 최고점이었을 때도 내 주변의 부자들은 투자를 주저하지 않았다"며 슈퍼 부자들에 대한 증세를 주장하고 있다. 이처럼 '경제 원론'으로 설명할 수 없는 경제 현상이 대거 목격되면서 인간의 행동을 연구하는 '행동경제학'이 전 세계적으로 각광을 받고 있는 것이다.

당시 미국 경제가 호황을 누린 또 다른 이유는 이렇게 걷은 막대한 세금을 허투루 낭비하지 않고 미래세대에 투자했기 때문이었다. 당시 미국은 사립대학 학비의 5분의 1에 불과했던 공립대학을 대대적으로 확대했다. 그 결과 1960년대 말에는 전체 4년제 대학생의 70%가 공립대학 학생이 될 정도였다. 이 밖에도 다양한 방법으로 공교육을 강화한 덕분에 많은 청년이 '아메리칸 드림American Dream'을 꿈꿀 수 있었다. 미국의 국무장관까지 지낸 콜린 파월Colin Powell은

바로 이 같은 청년 투자 덕분에 가난을 딛고 역전에 성공한 대표적
인 인물이다.

부자 감세가 호황을 가져온다는 신화는
아직 증명되지 않았다

미국에서 부자 감세를 가장 확실한 경기 부양책으로 신봉하는 세
명의 대통령이 있었다. 바로 로널드 레이건Ronald Reagan 대통령과 두
명의 조지 부시George Bush 대통령이었다. 하지만 이들 세 명의 대통
령이 아무리 대대적인 감세를 단행해도 미국 경제는 좀처럼 나아지
지 않았다.

아버지 부시 대통령은 세수 부족이 심각한 상태에 빠지자 절대
증세는 없다던 자신의 약속을 깨고 증세를 단행했다. 그리고 아들
부시 대통령의 대규모 감세 정책 이후 미국 경제는 살아나기는커녕
천문학적인 재정 적자만 불러왔고, 결국 임기 말에 글로벌 금융 위
기를 겪어야 했다.[3] 1970년대 이후 미국 경제가 가장 좋았던 시절은
잠시나마 부자 증세를 단행했던 클린턴Bill Clinton 대통령 시절이었
다. 결국 부자 감세가 경제를 살리는 길이라는 우리나라 일부 경제
관료들의 주장은 아직 실증적 증거가 부족한 '신화神話'에 불과하다.

이처럼 부자 감세가 계속되는 동안 가장 큰 피해를 당한 것은 미
국의 미래세대였다. 세수가 부족해진 미국 정부가 미래세대를 위한

교육 투자와 청년을 위한 일자리 정책을 우선적으로 축소해왔기 때문이다. 2015년 1월《뉴욕 타임스》의 유명 칼럼니스트인 니컬러스 크리스토프Nicholas Kristof는 그동안 부자 감세 열풍으로 '미래를 위한 씨앗'인 미국의 교육이 정체되었다며 혹독한 비판을 가했다. 그리고 이 같은 미국의 상황이 암울한 미래의 전조가 되지 않으려면 오바마 대통령의 증세 정책이 미래세대에 대한 투자로 확장되어야 한다고 주장했다.[4]

한국 vs 미국,
어떤 선택을 할 것인가?

결국 오바마 대통령은 독창적인 경제 정책을 내세운 것이 아니라, 1960년대 미국이 세계 최강대국으로 성장할 당시의 정책 기조로 '아주 조금만' 되돌아가자고 외치고 있는 것이다. 물론 이 같은 경제 정책이 미국 의회를 통과할지는 미지수다. 만일 미국인들이 워런 버핏처럼 미국의 역사를 왜곡 없이 기억하고 있다면 성공하겠지만, 대다수 미국인들이 과거를 잊고 오늘의 영광에 안주한다면 실패할 것이다.

그런데 지금 한국은 어떠한가? 만성화된 세수 부족으로 어려운 상황임이 분명하지만 모든 이들의 세금에 대한 관심이 커졌다는 점에서 조세체계를 근본적으로 바로 세울 '절호의 기회'이기도 하다.

우리가 1950년대 미국처럼 엄청난 증세를 단행할 필요는 없다. 단지 이 기회에 대다수 국민들이 납득할 수 있을 만큼 조세체계의 공정성과 투명성, 그리고 지속 가능성을 높이고 이를 통해 미래세대에 대한 투자 재원을 마련한다면, 우리도 재도약의 기회를 분명히 갖게 될 것이라고 확신한다.

한국 부자는
정말 세금을 많이 낼까?

우리나라 부자는 정말 세금을 많이 낼까? 기획재정부는 부유층 증세 논란이 있을 때마다 소득 상위 1%가 전체 '소득세'의 45%를 낼 정도로 큰 부담을 지고 있다며 부유층에 대한 증세를 반대해왔다. 더구나 일부 언론은 이 소득세 발언을 전체 세수로 착각하고, 소득 상위 1%가 45%의 '세금'을 내고 있다는 잘못된 기사를 내놓는 경우도 있다.

하지만 '소득세'와 '세금'은 엄연히 다르다. 소득세가 우리나라 전체 세수에서 차지하는 비중은 2013년 14.8%에 불과해, 전 세계 주요 국가 중에서 소득세가 차지하는 비중이 가장 낮은 편에 속한다. 이 때문에 상위 1%가 내는 소득세가 전체 '세금'에서 차지하는 비중은 45%가 아니라 6.7%밖에 되지 않는다.

이에 비해 소득 양극화가 심화되고 있는 우리나라에서 상위 1% 의 소득이 전체 소득에서 차지하는 비중이 무려 12.97%나 되는 것을 고려하면 경제 관료들의 주장대로 부유층의 세금이 '너무' 많다고 단언하기는 어렵다.

'세금 안 내는' 저소득층부터 증세해야
형평성이 높아진다?

연말정산 대란 이후 증세 논란이 나오자, 일부 언론은 전체 근로자의 36%에 이르는 저소득층 면세자를 세수 부족의 주원인으로 지목했다. 세금을 아예 내지 않는 사람이 많기 때문에 과세 형평성을 높이기 위해서는 이들에 대해 우선적으로 증세를 해야 한다는 것이다. 이런 언론들은 흔히 저소득층이 '세금'을 전혀 안 낸다고 표현한다. 하지만 '소득세'를 안 내는 것과 '세금'을 안 내는 것은 전혀 다른 이야기다.

2013년을 기준으로 우리나라 전체 근로자의 실효세율은 고작 4.48%밖에 되지 않는다. 각종 공제 제도가 많은 우리나라에서는 실제로 내는 실효 소득세율이 명목세율보다 훨씬 낮기 때문이다. 이러한 소득세 실효세율을 고려할 때, 저소득층에게 상대적으로 불리한 간접세율은 상당히 높은 편이라고 할 수 있다. 거의 모든 상품과 서비스에 붙는 부가가치세율은 10%로, 소득세 실효세율의

두 배가 넘는다. 더구나 2015년 상반기를 기준으로 담뱃값의 무려 74%, 휘발유 값의 58%, 맥주 값의 53%가 세금이다.

이처럼 우리나라에서는 소득세 실효세율에 비해 간접세율이 훨씬 높기 때문에, 전체 세수에서 간접세가 차지하는 비중도 다른 나라에 비해 매우 높은 편이다. 이 때문에 전체 세수 중에 고작 14.8% 밖에 안 되는 소득세를 면제받았다고 저소득층이 '세금'을 한 푼도 안 내고 있다며 세수 부족의 주범으로 몰아세우는 내용의 기사는 사실상 오보나 다름이 없다.

다른 나라들은
상속세를 속속 폐지하고 있다?

최근 들어 부쩍 늘어난 이야기가 바로 일부 국가가 상속세를 폐지했다는 주장이다. 물론 이 말 자체는 맞는 말이다. 하지만 상속세를 폐지했다는 것이 상속재산에 과세를 하지 않는다는 이야기로 착각해서는 안 된다. 상속세를 폐지한 대부분의 나라는 '자본이득세Capital Gains Tax'로 과세 방법을 바꾼 것뿐이다.

너무나 큰 실물 자산을 상속받았을 때 당장 상속세를 낼 현금이 없으면 큰 낭패를 볼 수가 있다. 상속세를 내기 위한 현금 마련을 위해 실물 자산을 헐값에 매각하거나 흑자 도산을 하는 경우가 생길 수 있기 때문이다. 그래서 일부 국가에서 세금 내는 시점을 상속

시점이 아닌 자산 매각 시점으로 바꾸기 위해 상속세에서 자본이득세 체제로 전환을 했다.

자본이득세를 도입한 나라들은 돈으로 돈을 버는 모든 것에 과세하는 조세체계를 갖고 있는 경우가 많다. 이 때문에 전면적으로 자본이득세 체제로 전환하면 사실상 부유층의 세 부담은 더 늘어나는 것이 일반적이다.

그러나 한국처럼 온갖 공제 제도로 양도세에 구멍이 뚫려 있는 나라에서 상속세를 폐지한다면 부의 대물림만 가속화시킬 뿐이다. 그런데도 우리나라는 자본이득세를 강화하지 않은 채, 가업 상속 공제라는 제도 하나만 따와서 일부 부유층의 상속세를 대폭 공제해주었다. 지금 우리나라에는 매출이 3000억 원 이하인 기업을 상속받을 경우 500억 원까지 세금을 공제받을 수 있는 길이 열려 있다. 그런 면에서 정말로 상속세를 무력화한 나라는 바로 우리나라라고 할 수 있다.

공정한 조세 개혁만이
국민의 신뢰를 다시 얻는 길이다

조세체계는 나라마다 매우 다르고 복잡하기 때문에 부유층이 실제로 세금을 많이 내고 있는지 확인하기란 쉽지가 않다. 이 때문에 조세와 재정 정책으로 빈부 격차가 얼마나 줄어드는지 확인하는 방식이 널리 쓰이고 있다.

그런데 2014년 국제구호단체인 옥스팜Oxfam이 OECD의 자료를 토대로 조세 제도와 정부 지출로 빈부 격차가 개선되는 효과(지니 계수 감소율)를 계산한 결과, 우리나라는 고작 9%에 불과해 OECD 회원국 중에 최하위권이었다. OECD 회원국 평균이 35%이고, 우리 정부가 모범 사례로 여기는 독일은 무려 42%나 된다. 더구나 자유시장경제를 중시하는 미국조차 25%나 개선된 것과 비교하면, 한국의 빈부 격차 개선율은 너무나 미미한 편이다.

그런데도 우리 경제 관료들은 지금도 세금 이야기만 나오면 우리나라 부유층이 세금을 '너무' 많이 내고 있고, 세금을 내지 않는 저소득층 근로자가 너무 많다는 말을 반복하고 있다. 이 같은 관료들의 인식은, 부자가 세금을 제대로 내지 않고 있다는 상당수 국민들의 인식은 물론 실제 통계와도 동떨어져 있다. 지금 당장 조세 구조의 문제점을 파악하고 대대적인 개혁에 나서지 않는다면 조세 제도에 대한 국민들의 불신은 쉽게 해소되지 않을 것이다.

감세, 불황을 앞당기는
치명적인 유혹

2015년 1월 국회예산처는 복지를 전혀 늘리지 않더라도 이대로 가면 우리나라가 2033년에 파산할 수도 있다는 무시무시한 경고를 내놓았다. 고령화와 저출산으로 복지 혜택이 필요한 고령층은 급격하게 늘어나고 있지만, 이를 위해 세금을 내줄 청장년층은 빠르게 줄어들고 있기 때문이다.

우리나라보다 20년 먼저 고령화가 시작된 일본을 보면, 우리나라가 겪게 될 암울한 미래를 가늠해볼 수 있다. 2014년 일본은 국가 예산의 43%를 국채로 충당해, 나라 살림의 절반 가까이를 빚으로 메웠다. 그 결과 2014년 6월을 기준으로 일본의 국가 부채는 1039조 엔, 우리 돈으로 1경 원이 넘었다.

일본이 이처럼 천문학적인 빚을 지고도 아직까지 국가 부도 사태를 겪지 않은 것은 일본의 엔화가 안전자산으로 분류되고 있기 때문이다. 만일 우리가 일본 정도의 재정 적자를 본다면 곧바로 국가 부도 사태를 맞게 될 것이다. 이처럼 일본의 국가 부채 문제가 심각해진 이유는 과도한 건설 경기 부양책을 남발한 탓도 있지만, 더 큰 이유는 바로 고령화와 저출산 때문이었다.

　일본보다 고령화의 속도가 훨씬 빠른 우리나라가 앞으로의 국가 재정 위기를 막기 위해서는 증세가 불가피할 것이다. 그런데 이때 증세를 어떻게 하느냐에 따라 우리나라의 운명이 좌우될 수 있다. 그 이유는 세금이 그 어떤 군대보다 강력하고 무서운 힘을 가지고 있기 때문이다.[5]

전통까지 바꾸는
세금의 힘

제정帝政 러시아 귀족들은 가슴까지 내려오는 긴 턱수염을 하고 있었다. 당시 귀족들에게 턱수염은 큰 자랑이자 귀족의 자부심이었다. 그러나 유럽 유학길에 올랐던 표트르Pyotr Alexeyevich Romanov 대제大帝가 돌아오면서 상황이 달라지기 시작했다. 그는 유럽 유학 시절 근대화된 유럽을 동경하며, 하루빨리 러시아를 근대화시켜야 한다고 생각했다. 마침내 이복 누이인 소피아Sophia Alekseyevna Romanov 공주와의 권력 투쟁에서 승리한 표트르 대제는 유럽의 앞선 문물을 받아들이기 위해 낡은 전통을 모두 버리고 새로운 러시아를 만들기로 결심했다.

그런 표트르 대제가 보기에 덥수룩한 러시아 귀족들의 턱수염은 낡아빠진 전통에 불과했다. 그는 유럽의 날렵한 콧수염에 비해 지저분한 턱수염은 러시아의 후진성을 보여준다고 생각해 귀족들에게 수염을 깎으라고 명령했다. 하지만 러시아 귀족들은 자신들의 긴 수염은 신이 내려주신 것이라며, 목을 내놓는 한이 있어도 턱수염을 자를 수는 없다고 강하게 저항했다.

표트르 대제는 귀족들을 전근대적으로 탄압하는 대신, 한 발짝 물러서는 척하면서 꾀를 냈다. 수염을 기를 수 있도록 허용하되 '턱수염세Beard tax'로 100루블, 지금 화폐가치로 400만 원 정도를 부과하기로 한 것이다. 그리고 이 세금을 낸 귀족에게 그 징표로 동전을 하나 지급했다. 러시아 귀족들은 턱수염을 깎지 않는 한, 세금을 냈다는 뜻으로 항상 동전을 휴대해야 했다. 이 동전에는 "턱수염은 쓸모없는 짐이다"라는 문구가 쓰여 있었다.[6]

세금의 효과는 그 어떤 제재나 탄압보다도 강력했다. 일부 귀족은 세금을 내고 턱수염을 길러 끝까지 전통을 수호하겠다고 선언했다. 그러나 그 효과는 잠시뿐이었고, 결국 세금에 굴복해 러시아 귀족들은 하나둘씩 수염을 깎기 시작했다. 마침내 세금 앞에서 러시아의 오랜 전통은 힘없이 무너지고, 가장 완고했던 귀족들조차 턱수염을 포기했다. 결국 제정 러시아는 1772년, 귀족들의 자랑이었던 턱수염이 없어지자 용도가 사라진 턱수염세를 폐기했다.

그렇다면 이렇게 강력한 세금을 어떻게 설계해야 하는 것일까? 지금 우리 경제의 가장 큰 문제점은 기업이 가져가는 몫이 너무 큰 반면, 가계의 몫이 지속적으로 줄어드는 것이다. 그리고 기업은 그렇게 가져간 돈을 쌓아놓기만 할 뿐 투자를 하지 않고 있다. 혈액처럼 계속 흘러야 하는 돈이 일단 대기업이라는 우물에 갇히면 좀처럼 빠져나오지 못하면서 우리 경제의 미래를 위협하는 것이다.

이제 우리 정부가 해야 할 가장 중요한 일은 돈의 과도한 쏠림 현상을 막고 돈을 다시 흐르게 만드는 일이다. 이를 위해서는 무엇보다 기업이 과도한 돈을 쌓아두지 않고 투자에 나서도록 바로 세금이라는 강력한 무기를 적절히 활용해야 한다. 그러나 지금까지 우리나라의 조세 정책은 기업의 투자를 유인하는 데 사실상 실패하고 말았다.

정부의 일방적인 짝사랑으로 끝난
법인세 감세

이명박 정부는 기업에 세금을 깎아주면 투자가 늘어나 경제가 더 빠르게 성장할 것이라며 2008년 법인세 최고세율을 25%에서 22%로 인하했다. 하지만 아무리 법인세를 낮춰도 기업들은 늘어난 이윤으로 투자를 늘리기는커녕 돈을 쌓아두는 데만 급급했다. 30대

그룹의 현금성 자산 규모는 2008년 37조 원에서 단 5년 만에 158조 원으로 급증했지만, 그만큼 투자를 늘린 기업은 좀처럼 찾아보기 어려웠다.

사실 우리나라에서는 재벌에 유리한 온갖 공제 제도 때문에 재벌에게는 법인세 세율도 큰 의미가 없다. 특히 삼성전자는 2012년 한 해 동안에만 1조 8000억 원이 넘는 천문학적인 세금을 감면받았다. 삼성그룹 전체도 아니고 삼성전자라는 기업 단 하나가 감면받은 법인세가 전체 기업 법인세 감면액의 5분의 1이나 됐다. 그 결과 삼성전자에 적용되는 법인세 실효세율은 웬만한 중소기업들보다도 낮아졌다.

정부가 이렇게 재벌들에게 천문학적인 세금 감면을 해주면서 내세운 명목은 세금을 깎아주면 재벌이 고용을 창출해 한국 경제 전체적으로는 이득이 될 것이라는 논리였다. 하지만 삼성전자의 당기 순이익은 2011년 이후 3년 동안 14조 원에서 23조 원으로 1.5배가 넘게 늘어났지만 100,353명이었던 정규직 직원은 오히려 4,377명(2014년 6월 말 기준)이나 줄어들었다. 결국 대규모 법인세 감면은 사실상 정부의 일방적인 짝사랑으로 끝나고 만 것이다.

그렇게 쉽게 따먹을 수 있는
열매는 없었다

기업에 법인세만 깎아주면 경제가 좋아진다는 감세의 달콤한 유혹은 정부 관료나 정치인들을 쉽게 사로잡는다. 세금을 깎아주는 일이니 정부가 누구에게 욕먹을 필요도 없고, 기업에 선심을 쓰면 경제까지 좋아진다니 얼마나 환상적인가? 하지만 그들의 헛된 희망과 달리 현실에서 '법인세 감세의 기적'은 일어나지 않았다.

기업이 투자하느냐 아니냐를 결정하는 것은 법인세 세율 몇 %p가 아니라 시장의 전망에 달려 있다. 세계적인 불황으로 수출마저 흔들리는 상황에서 지속 가능한 경제성장을 위해서는 민간 소비가 늘어나는 것이 무엇보다 중요하다. 하지만 정부가 대기업에만 이윤을 몰아준 탓에 그만 가계의 몫이 쪼그라들면서 소비 기반이 크게 약화됐다. 그런데 이러한 상황에서 법인세 감세는 대기업 쏠림 현상을 더욱 가속화시키는 역할만 해온 것이다.

앞으로 우리 경제의 성장 동력을 회복하는 것은 민간 소비에 달려 있다고 해도 과언이 아니다. 이제 증세를 논의한다면 과거처럼 기업의 몫을 늘리는 데만 집착하지 말고 어떻게 민간 소비를 다시 회복시킬 것인가에 초점을 맞춰야 한다. 그리고 더 나아가 미래의 소비 기반을 확충하기 위해서는 다음 세대에 대한 투자도 더욱 획기적으로 확대해야 한다. 이 같은 정책이 선행되어 민간 소비가 살아난다면 법인세가 조금 더 높아지더라도 기업은 얼마든지 다시 투자를 시작할 것이다.

이제 고령화와 저출산이 가속화되면서 우리나라의 경제구조는 급격히 바뀌고 있다. 과거의 경제 정책을 고집하다가는 급변하는 경제 환경에 대응하기가 너무나 어려워진다. 한 국가의 군대보다도 강력한 영향력을 갖고 있는 조세 정책을 '올바르게' 개혁해 추락하는 우리 경제의 잠재성장률을 되살릴 수 있다면 우리의 노후는 물론 자녀들의 미래도 지킬 수 있을 것이다.

미국 GE 사의 회장이었던 잭 웰치Jack Welch는 "조직 외부의 변화 속도가 조직 내부의 변화 속도보다 빠르다는 것은 몰락이 머지않았음을 의미한다"고 강조한 바 있다. 만일 우리 경제 정책이 빠르게 변하는 외부 환경의 변화를 따라잡지 못한다면 우리의 몰락은 머지않을 것이다.

불공정한 세금은
어떻게 경제를 망치는가?

우리나라에 때 아닌 초고가 자동차 열풍이 불고 있다. 고가 수입차의 대명사인 마세라티의 경우, 2014년에 전년 대비 무려 469% 증가라는 충격적인 판매 증가율을 기록했다. 벤틀리와 람보르기니 같은 초고가 차량들의 판매량도 두세 배씩 폭증하고 있다. 도대체 경기 불황이 우려되는 우리나라에서 왜 이렇게 비싼 차들이 날개 돋친 듯이 팔리고 있는 것일까?

그 이유는 바로 세금 때문이다. 우리나라에서는 아무리 비싼 차를 사더라도 법인 명의로 리스를 하면 리스 비용은 물론 차량 유지비까지 손비損費로 처리해 세금을 공제받을 수 있다. 한 달에 600만 원을 내는 고가의 자동차를 리스하면 한 해 최고 2600만 원의 세금을 깎아준다. 이렇게 법인 명의로 차를 사놓고, 사적인 용도에 쓰는 경우도 비일비재하다. 결국 고가의 수입차를 사는 데 정부가 일종의 보조금을 주고 있는 셈이다.

정부가 사치성 소비에까지
보조금을 줬던 나라, 아일랜드

2004년 여름, 아일랜드의 부동산 개발업자인 숀 던Sean Dunne은 이탈리아에서 성대한 두 번째 결혼식을 치렀다. 이 결혼식에는 당시 아일랜드 총리였던 버티 어헌Bertie Ahern을 비롯해 아일랜드의 모든 정·재계 인사들이 대거 초대됐다. 전몰장병 기념일 연설까지 빼먹고 이탈리아로 가서 결혼식에 참석하려던 버티 어헌 총리는 언론에 이 사실이 알려지는 바람에 비난을 받아 결국 마지못해 결혼식이 아닌 전몰장병 기념식에 참석했다. 이 초호화 결혼식에 들어간 돈은 우리 돈으로 200억 원이 넘었다.

　신혼여행은 더욱 화려했다. 숀 던 부부는 재클린 케네디Jacqueline Kennedy와 오나시스Aristotle Onassis가 탔던 요트를 더욱 호화롭게 개조한 '크리스티나 오Christina O 호'를 타고 2주간 항해했다. 청동으로 장식한 호화 수영장과 진짜 골동품으로 장식된 댄스파티장이 설치된 이 요트는 개조하는 데에만 6500만 유로, 우리 돈으로 800억 원이 넘게 들었다.

　그런데 당시 아일랜드 언론들은 실제로 이 호화 요트 개조 비용을 부담한 것이 아일랜드의 일반 서민이었다고 비판했다. 요트 개조 비용을 '투자비'로 처리해준 아일랜드 세무 당국 때문에 전체 개조 비용의 60%인 4000만 유로, 우리 돈으로 500억 원을 다시 현금으로 되돌려받은 것이다. 아일랜드의 부호들은 자신들의 사치성 소비에 막대한 세제 혜택과 정부 지원을 받아가며 흥청망청 써댔다. 그리고 이 같은 부조리는 2008년 이후 아일랜드의 경제를 국가 부도의 위기로 내모는 데 한 몫을 했다.[7]

국가의 건축 양식까지 바꾼
조세의 힘

이처럼 조세 제도는 개개인의 이해득실에만 영향을 미치는 것이 아니라 한 나라의 경제 시스템 전체를 뒤흔드는 막강한 힘을 갖고 있다. 그 대표적인 사례가 바로 영국의 건축 양식까지 바꿔놓은 '창문세'였다. 17세기 말 영국의 윌리엄 3세는 세수 부족으로 큰 어려움을 겪고 있었다. 그래서 개인의 소득에 따라 세금을 매기는 소득세를 부과하려 했다. 소득세는 현재 거의 모든 나라가 채택하고 있는 세금이지만 당시에는 매우 혁신적인 시도였다. 영국 귀족들은 소득세가 개인의 자유를 침해하는 세금이라며 강하게 반대했다.

그러자 윌리엄 3세는 소득세 신설을 포기하고, 대신 창문이 여섯 개를 넘을 때 창문 개수에 따라 세금을 매기는 창문세를 부과했다.

부유층일수록 집이 더 크고 창문도 더 많았기 때문에 창문세를 부과하면 세수 부족 문제가 해결되리라 생각한 것이다. 그러나 예상과는 달리 영국인들은 세금을 내는 대신 창문에 벽돌을 쌓거나 나무로 막아서 창문을 없애는 방식으로 세금을 피했다. 그 뒤 영국에는 155년 동안 창문이 거의 없고 실내가 어두운 독특한 건축 양식이 자리 잡게 됐다.

경제 시스템까지 바꾸는 세금,
과연 한국은 공정한가?

2015년 8월, 정부는 고가의 가방이나 시계 등에 붙는 개별소비세를 대폭 내려주겠다고 발표했다. 그동안 수입업자가 신고한 수입신고가액이 200만 원이 넘는 가방이나 시계 등은 개별소비세를 부과해왔는데, 이 기준을 500만 원으로 높이기로 한 것이다. 이에 따라 500만 원짜리 명품 가방을 샀을 경우 최고 60만 원의 세금을 덜 낼 수 있게 됐다.

정부는 이를 내수 활성화 대책이라고 주장했지만, 사실 수입신고가액이 200만 원을 넘는 고가 가방을 사는 사람은 국민들 중 일부이기 때문에 소비 진작 효과는 미미할 수밖에 없다. 또한 고가 수입품의 소비가 진작된다고 하더라도 일부 수입업자나 부유층에게만 혜택이 돌아갈 뿐 제조업체에게 돌아가는 효과는 거의 없다.

더구나 지금처럼 세금 한 푼이 아쉬워서 온갖 방법으로 세수 확충을 고민하고 있는 때에 소수의 부유층에게 혜택이 돌아가는 감세 조치를 하면, 결국 어떻게든 그 부담이 서민들에게 전가될 것이다. 세금 한 푼이 주는 효과가 그 어느 때보다 강력한 작금의 상황에서 이 같은 조세 정책은 단순히 누구에게 세금을 더 걷느냐를 떠나 경제의 동기 체계Incentive Mechanism까지 왜곡시켜 경제구조에까지 큰 영향을 줄 것이다.

더 큰 문제는 우리 정부가 배당 확대를 유도하겠다며 2015년부터 기업 배당에 대한 세금을 대폭 줄여준 것이다. 이에 따라 기업 주식 배당금에 대해 25% 분리과세를 적용받을 수 있게 되어 소득세 최고세율인 38%보다 무려 13%p가 줄어들었다.

전체 배당 소득의 4분의 3이 상위 1% 고소득자에게 돌아가고 있는 상황에서 이 같은 세제 혜택은 부자들의 세금을 집중적으로 깎아주는 효과가 있다. 정부는 이렇게 부자들의 세금을 깎아주면 소득이 늘어 내수가 활성화된다고 주장하지만, 실제로 부유층이 수입이 더 늘어났다고 해서 그만큼 고스란히 소비를 늘리는 것은 아니기 때문에 자칫 세수만 대폭 줄어드는 악수惡手가 될 수 있다.

이러한 조세 제도는 단순히 공정함의 문제를 떠나 경제구조의 효율성 측면에서도 바람직하지 않다. 돈을 굴려 돈을 번 것에는 온갖 세금 혜택을 주고, 땀 흘려 힘겹게 번 돈에 더 많은 세금을 물린다면 누가 열심히 일하려 하겠는가? 땀 흘려 일한 사람을 더 홀대하는 나라에서 새로운 성장 동력을 기대하기는 너무나 어려운 일이다. '창문세'가 건축까지 송두리째 바꿔놓은 것처럼 불공정한 조세 제도는 성장 동력을 약화시켜 경제성장의 가장 큰 걸림돌이 될 수 있음을 명심해야 한다.

이미 당신에게는
2000만 원의 빚이 있다

"
당신은 금융회사에 속고 있다!
빚이 빚을 부르는
금융회사의 달콤한 유혹은 무엇인가?
"

빚더미에 깔린 경제는
어떻게 무너지는가?

2015년 1분기 기준으로 가계 부채가 1099조 원을 넘어 1100조 원에 육박했다. 이는 1인당 무려 2000만 원이 넘는 빚을 지고 있는 것으로, 4인 가족의 경우 평균 8000여만 원의 빚이 있는 셈이다. 게다가 빚이 늘어나는 속도 또한 심각한 수준으로, 2014년 2분기 말 이후 단 9개월 만에 61조 원이나 불어났다.

더 큰 문제는 가계가 한 해 동안 벌어들인 돈에 비해 가계 부채의 규모가 이미 위험 수준을 넘어섰다는 점이다. 국제 비교 기준으로 가계의 가처분소득 대비 부채 비율은 2014년 말에 이미 164%를 넘어 역대 최고치를 기록했다. 이는 미국의 113%는 물론, 국가 부도 위기를 겪고 있는 그리스의 130%보다도 훨씬 높은 수준이다.

이는 정부가 당장 눈앞에 다가온 불황을 모면하기 위해 빚더미를 부풀리는 정책을 반복적으로 써왔기 때문이다. 그렇다면 이렇게 계속 빚더미가 불어나도 큰 문제가 없는 것일까? 정부는 빚더미를 충분히 통제할 수 있다고 자신하고 있지만, 이렇게 빚더미를 부풀려 놓고도 눈에 띄는 경기 회복을 이끌어내지 못한다면 우리 경제에 치명적인 악영향을 줄 수 있을 만큼 매우 위험하다.

옐로스톤 공원은
산불을 끄지 않는다

1988년 6월, 미국의 최고 국립공원인 옐로스톤Yellowstone에 산불이 일어났다. 여느 때와 다를 것 없는 평범한 벼락으로 시작된 산불은 강한 바람을 타고 번지면서 무려 4개월을 계속해서 타들어 갔다. 산불을 잡기 위해 대규모 인력과 장비가 총동원되었지만, 정작 불길을 잡은 것은 그해 9월 예년보다 일찍 찾아온 눈이었다. 이 초대형 화재로 충청남도 면적보다도 넓은 옐로스톤 국립공원의 3분의 1이 완전히 타버려, 국립공원으로 선정된 이후 사상 최대의 피해를 남겼다.

옐로스톤에는 매년 수백, 수천 건의 벼락이 내리친다. 그런데 왜 1988년의 그 벼락만 유독 달랐던 것일까? 1872년 옐로스톤 지역을 국립공원으로 지정한 미국 정부는 수려한 자연경관을 보호하기 위해 국립공원의 모든 산불을 철저하게 막아야 한다고 생각했다. 그래서 일단 산불이 나면 언제나 적극적인 진화에 나서 피해를 최소화했다. 그러나 인간의 인위적인 노력으로 오랫동안 큰 산불이 일어나지 않게 되자, 옐로스톤 국립공원에는 불에 타기 쉬운 마른 나무와 죽은 나무가 급속도로 늘어나기 시작해서, 한번 불이 붙기만 하면 초대형 산불이 되기 쉬운 상태로 변해갔다. 그러다 우연히 내리친 작은 벼락 하나가 극도로 불안정해진 옐로스톤에 산불을 일으키자, 불길이 광기에 가까울 정도로 빠르게 번져나간 것이다.

이 산불 이후 미 연방국립공원관리청National Park Service은 인공조림을 하지 않고 모든 것을 불에 타버린 모습 그대로 놔두기로 했다. 그리고 자연적으로 발화한 산불은 끄지 않는다는 원칙을 확고히 했다. 산불을 끄려는 인간의 개입이 오히려 더 큰 산불을 일으킨다는 교훈을 얻었기 때문이다. 이 때문에 지금도 옐로스톤 국립공원에는 그때 타다 남은 앙상한 나무들이 그대로 남아 있다.

이처럼 인간이 인위적으로 억눌러 자연계의 불안정성이 증폭되면 아주 작은 충격으로도 파국을 부를 수 있는 '임계상태'가 되는데, 이 같은 현상은 자연계뿐만 아니라 한 나라의 경제에서도 볼 수 있다.[1] 일시적인 금융 위기나 경기 불황에는 금리를 낮추고 돈을 푸는 정책이 분명 효과적이다. 하지만 그 효과에 취해 끝없이 돈을 푸는 정책에만 의지하다 보면, 빚더미의 지속적인 증가 없이는 경제가 더 이상 유지되지 않는 위험한 상태로 변한다. 그리고 경기 불황을 가져오는 근본적인 문제를 해결하지 않고 계속 빚더미로 버티려

다 보면, 마치 옐로스톤의 대화재처럼 경제는 괴멸적 재앙을 초래
할 수 있는 임계상태로 끝없이 돌진하게 된다.

빚더미에만 의존한 정책은
언제나 경제를 파멸로 이끌었다

1987년 6월 미 연준FRB 의장에 취임한 앨런 그린스펀Alan Greenspan은
4개월 만에 다우지수가 무려 23%나 폭락하는 블랙 먼데이라는 큰
위기를 맞았다. 이 같은 위기 속에서 그는 평생 신봉해왔던 '시장은
언제나 옳고, 절대 실패하지 않는다'는 시장주의 원칙을 깨고, 대대
적인 양적 완화로 시장에 직접 개입해 주가를 떠받치는 데 성공했
다. 그리고 아시아 외환 위기와 러시아 채무불이행 사태 등 위기가
올 때마다 먼저 공격적으로 금리를 낮춰 경기를 방어했다. 그 덕분
에 그는 '금융의 거장(마에스트로, Maestro)'으로 불리기 시작했다.

　하지만 이 같은 명성은 그를 점점 '빚더미 정책'에 의존하게 만들
었다. 2000년 IT 버블이 무너지자, 단 2년 만에 연방기금금리를 연
6.5%에서 1.25%로 끌어내리는 초강수를 두었다. 그 덕분에 2003
년 경기가 회복되기 시작하자, 경제학자들은 물론 심지어 FRB연
구원들조차 금리를 올려야 할 때라고 목소리를 높였다. 하지만 저
금리가 가져오는 달콤한 유혹에 심취한 그린스펀은 오히려 금리를
1.0%로 더욱 낮추었다. 당시 물가 상승률이 2%대였기 때문에 미국

의 실질금리는 마이너스 상태로 유지된 셈이었다.

이처럼 인위적으로 초저금리를 유지하는 사이 미국의 빚더미는 급속히 불어났다. 2006년 말 미국의 전체 부채 규모는 45조 3000억 달러(약 5경 원)를 넘어서 불과 4년 전보다 무려 42%나 급증했다. 이 기간 동안 늘어난 13조 5000억 달러의 빚을 1인당으로 나누면 4만 3,000달러(약 5000만 원)에 이른다.[2] 이처럼 빚더미가 급속도로 불어나자 여기저기서 경제 버블에 대한 경고음이 나오기 시작했다. 하지만 그린스펀은 이 같은 경고를 묵살하고 계속 초저금리 기조를 유지했다.

그러나 2007년 더 이상 빚을 낼 수 있는 사람이 사라지자, 그때부터 미국의 집값과 주가가 폭락하기 시작했다. 1988년 옐로스톤 국립공원에 내리친 평범한 벼락이 사상 최악의 산불을 낸 것처럼, 이미 임계상태에 다다른 미국 금융시장은 눈에 띄는 별 충격이 없었는데도 순식간에 무너져 내렸다. 결국 세계 최고의 경제 대국인 미국마저도 빚더미로 유지되던 위태로운 경제 상황을 감당하지 못한 것이다.

임계상태의 한국 경제,
어떻게 파국을 막을 것인가?

우리 경제는 현재 인구 구조의 악화 속에 혁신의 속도가 정체되면서 구조적이고 장기적인 경기 불황의 위협에 직면해 있다. 그런데 이러한 구조적인 문제를 해결하지 않은 채 빚더미에 의존하여 가까스로 경제 불황이 도래하는 것을 지연시키고 있을 뿐이다. 하지만 '금융의 거장'이라 불리던 앨런 그린스펀조차 결국에는 감당할 수 없었던 것처럼, 빚더미에 의지한 경제는 파국으로 치달을 수밖에 없다.

물론 심각한 불황이 바로 눈앞에 다가온 우리 경제에 당장 부양책을 쓰지 않을 수는 없다. 그러나 이 같은 부양책만으로 경제를 유지하는 데는 한계가 있다. 하루빨리 우리 경제의 구조적인 문제점을 해결하고 다시 성장 동력을 바로 세우지 않는다면, 우리 경제는 언제 무너질지 모르는 풍전등화風前燈火의 상황에 놓이게 될 것이다.

더욱 심각한 문제는 우리 정부가 경제를 되살릴 진정한 성장 동력이 무엇인지 정확히 모른다는 점이다. 우리는 빚더미에 의지한 부양책에 우리의 남은 자원을 쏟아부어 왔다. 하지만 이미 25년 전에 우리와 비슷한 정책을 썼던 일본이 결국 참담한 실패를 겪었던 것처럼, 우리 역시 별다른 효과를 보지 못하고 있다. 이 과정에서 우리가 쌓아올린 빚더미는 점점 더 무겁게 우리의 미래를 짓누르고 있다.

가계 부채, 세계의 경고 속에 태평한 대한민국

2014년 연말부터 우리나라의 천문학적인 가계 빚의 심각성을 우려하는 경고의 목소리가 세계 곳곳에서 끊임없이 터져 나왔다. 2015년 3월에는 미국의 컨설팅 회사인 맥킨지Mckinsey가 우리나라를 '세계 7대 가계 부채 위험국'으로 꼽았다.[3] 이미 한국의 가계 부채 문제가 심각한 상황에서 가계 부채가 불어나는 속도마저 전 세계 어떤 나라에도 뒤지지 않을 만큼 빠르기 때문이었다.

영국 옥스퍼드 대학의 경제연구기관인 옥스퍼드 이코노믹스Oxford Economics도 한국은 성장 엔진이 작동을 멈춰가고 있는데 가계 부채만 폭증하고 있는 데다 그 부채 규모도 아시아 최대 수준이어서 가계 부채 위험이 가장 심각한 나라 중에 하나라고 보았다. OECD 또한, 한국은 가계가 빚을 갚느라 소비를 줄일 정도로 부채 악화가 심각하며 이로 인해 앞으로 경기 침체가 찾아올 가능성이 매우 커졌다고 우려했다. 이를 막기 위해서는 가계 부채가 심각한 위협이 되기 전에 한국 정부가 발 빠르게 대응해야 한다고 강조했다.

일본의 노무라 증권野村證券은 '원금은 갚지 않고 이자만 내는 주택담보대출IOM'이 미국과 유럽의 버블 붕괴의 원인이었는데, 현재 한국에서 이 같은 방식의 주택담보대출 비중이 무려 74%를 넘어 세계에서 가장 높은 수준이라고 밝혔다. 더구나 이러한 주택담보대출의 만기가 집중되는 2019년이 되면 인구 구조 악화와 맞물려 한국 경제가 매우 심각한 상황에 빠질 수 있다고 경고했다.

이처럼 세계 곳곳에서 한국 가계 부채의 심각성에 대한 우려의 목소리가 쏟아지고 있음에도 불구하고, 우리 정부나 금융 당국의 인식은 사뭇 다르다. 2015년 2월, 금융위원회는 가계 부채가 경제 성장에 따라 증가하는 것은 자연스러운 현상이기 때문에 큰 문제가 아니라고 평가했다. 임종룡 금융위원장도 2015년 3월 인사청문회에서 가계 부채 문제가 시스템 리스크에 이를 정도는 아니라는 인식에 동의한다고 밝혔다.

한 발 더 나아가 최경환 경제부총리는 '가계 부채가 늘어나는 것은 금리 인하로 경제를 돌아가게 하려는 정책적 효과가 나타난 것'이며, '금리 인하가 가계 부채의 질을 개선시켰다'면서 최근의 가계 부채 급증 현상을 긍정적으로 평가했다. 그렇다면, 과연 우리는 세계적으로 권위 있는 경제연구기관들의 경고와는 동떨어진 우리 경제 관료들의 판단을 100% 믿고 가계 부채 문제에 안심해도 되는 것일까?

경고를 무시한 일본,
버블 레이디의 저주에 빠지다

1930년대 너무나 가난한 어린 시절을 보낸 오노우에 누이尾上縫는 오사카의 한 술집에서 접대부 생활을 시작했다. 그러다 유명 건설 회사인 다이와하우스大和ハウス 사장의 정부情夫가 되면서 고급 술집 을 두 개나 운영하는 사장으로 변신했다. 그런데 1987년 버블로 치 닫던 일본에서 노년에 가까워진 그녀의 인생을 송두리째 뒤바꾼 일 이 생겼다. 은행 직원의 권유로 10억 엔, 우리 돈으로 100억 원어치 의 채권에 투자해서 큰 이득을 본 것이다.

그 뒤 증권투자의 달콤하고 강력한 유혹에 빠져든 그녀는 평생 벌어온 전 재산을 모두 다 주식에 투자하고, 그 주식을 담보로 돈을 빌려 더 많은 주식을 사들이기 시작했다. 그리고 이렇게 투자 금액 이 점점 더 늘어나더니 마침내 3조 엔, 우리 돈으로 30조 원에 이르 는 돈을 빌려 주식투자에 모두 쏟아부었다.

개인 주식투자자 금액으로는 일본 역사상 최대 금액이었다. 투자 를 하면 할수록 빚더미가 점점 더 불어나는 위험한 투자였지만, 거 품 경제 시대에는 마치 '미다스의 손'이라도 가진 것 같은 환상을

갖게 하기에 충분했다.[4]

그녀가 투자할 종목을 선택하는 방식은 철저히 토속신앙을 따랐다. 그녀는 자신의 술집에 모셔둔 두꺼비상에게 어떤 주식을 사야 할지 물은 다음, 즉흥적으로 머릿속에 떠오르는 종목을 사들였다. 놀라운 사실은 금융회사들이 이처럼 황당한 투자 방식을 믿고 그녀에게 27조 원이라는 천문학적인 돈을 빌려준 것이다. 심지어 니혼 고교은행日本興業銀行 은행장 같은 거물급 인사들까지 그녀의 유명한 '두꺼비 의식'에 참여하기 위해 문턱이 닳도록 그녀의 술집을 드나들었다. 이처럼 정신 나간 투자 방식에 대한 경고의 목소리가 끊임없이 나왔지만, 이미 버블에 심취한 금융회사들은 귓등으로도 듣지 않았다.

하지만 1990년에 들어서면서 일본의 부동산 가격이 흔들리고 주가가 떨어지기 시작하자, 빚더미에 의지한 이 위험한 투자 방식은 순식간에 붕괴되기 시작했다. 결국 1991년 투자 손실이 감당할 수 없을 만큼 커지자, 그녀의 신화는 단 4년 만에 처참하게 무너지고 감옥까지 가게 됐다. 그녀가 파산하자 그녀에게 자금을 빌려주었던 주요 은행과 증권사의 경영진이 대거 교체되었고 파산한 금융회사까지 나왔다. 한때 부富의 상징이었던 그녀는 1990년대 일본 거품 경제의 붕괴를 상징하는 존재로 추락하면서 '버블 레이디Bubble Lady'라는 오명까지 쓰게 됐다.

최후의 순간까지 그들은
빚더미를 두려워하지 않았다

천문학적인 빚더미를 지게 된 '버블 레이디'의 탄생 배경에는 바로 당시 대장상(大藏相, 재정경제부 장관)이었던 미야자와 기이치宮澤喜一가 있었다. 1986년 대장상이 된 미야자와는 일본의 경제 불황을 극복해야 한다는 명분을 내세워 법인세를 대폭 인하하고 부유층에 대한 소득세를 크게 낮춰주었다. 그 결과 세수가 크게 줄어들었는데도 점점 더 많은 나랏돈을 풀어 대규모 경기 부양책을 실시했다.

　이에 그치지 않고, 미야자와는 중앙은행인 일본은행에 기준금리를 인하하라고 압박했다. 당시 일본은행은 일본 경제를 불만 붙이면 활활 타오를 마른 숲Dry woods에 비유하면서 금리 인하에 강력히 저항했지만, 당시 재정경제부에 해당했던 대장성大藏省의 압력에 밀려 결국 대대적인 금리 인하를 단행할 수밖에 없었다.

　그 결과 빚을 지고 주식과 부동산에 투자하는 사람들이 급격히 늘어나면서 버블 경제에 대한 우려는 더욱 커졌다. 일본 경제가 감당할 수 없을 만큼 빚더미가 불어나고 있다는 경고의 목소리가 세계 곳곳에서 터져 나왔지만, 아무리 위기를 경고해도 미야자와를 비롯한 일본의 경제 관료들은 일본의 전체 부동산 가격이나 주가에 비해 전체 부채 규모가 매우 미미한 편이라며 이 같은 우려를 일축했다. 빚더미의 치명적인 유혹에 취해 있던 일본의 경제 관료들과 언론들은 심지어 일본이 세계 경제의 중심이므로 세계 경제를 이끌어야 한다는 '일본 앵커Anchor론'까지 내세우며 무리한 초저금리 정책과 경기 부양책을 정당화했다.

그러나 거대한 빚더미로 지탱되던 일본 경제는 금리 인상과 동시에 순식간에 무너져 내렸다. 빚더미에 대한 경고에 전혀 귀를 기울이지 않고 무방비 상태로 버블을 방치해왔던 일본이 뒤늦게 일본 경제를 되살려보려 했지만, 이미 붕괴되기 시작한 일본 경제는 어떤 방법을 써도 걷잡을 수 없이 빠른 속도로 추락했다. 그 결과 전세계의 선망의 대상이었던 일본 경제는 그 뒤 20여 년 동안 버블 경제의 대표적인 실패 사례로 조롱의 대상이 되고 말았다.

그렇다면 일본이 자랑하던 대장성 엘리트 경제 관료들의 예측은 왜 그렇게 허무하게 빗나가고 만 것일까? 일본 대장성은 전체 부채 규모보다 부동산이나 주식의 가치가 훨씬 크기 때문에, 일부 채무자들이 빚을 못 갚는 사태가 일어나도 일본 전체 경제에는 전혀 부담이 되지 않을 것이라고 확신했던 것이다. 하지만 일단 버블 붕괴가 시작되자, 부동산 등 자산 가격이 한꺼번에 폭락한 것은 물론 거래 자체가 거의 중단되면서 '장부 가격'은 무의미해졌다. 일본 대장성 관료들의 자랑이었던 높은 자산 가격은 일본 경제를 지키는 파수꾼이 되기는커녕, 오히려 일본 경제를 더욱 파국으로 몰아넣은 원흉이 되고 말았다.

경기 부양책,
묘약인가? 마약인가?

우리나라에서도 일본과 같은 장기 불황을 막으려면 더 늦기 전에 더욱 강력한 경기 부양책을 써야 한다고 주장하는 사람들이 있다. 그러나 일본 경제가 무너진 이유는 결코 경기 부양책을 쓰지 않아서가 아니었다. 오히려 빚더미의 마약과 같은 효과에 취해 일본 경제가 감당하지 못할 정도의 한계상황까지 경기 부양책을 썼기 때문이었다. 경기 부양책은 결코 만병통치약이 아니라, 반드시 나중에 대가를 치러야 하는 정책이다. 이 때문에 짧은 불황에는 그 고통을 줄이는 긍정적인 효과가 있지만, 그 대신 부양책에 중독될 경우에는 경제 전체를 병들게 만드는 위험한 정책이 될 수 있다.

우리 경제 관료들이 가계 부채 문제가 크게 걱정하지 않아도 될 만큼 잘 통제되고 있다고 확신한다 하더라도, 세계 각국의 내로라 하는 권위 있는 경제연구소들이 끊임없이 우리나라의 가계 부채를 심각하게 우려하는 보고서를 내놓고 있다면, 적어도 왜 그런지 한 번 심각하게 성찰해야 하지 않을까? 그리고 가까운 일본의 사례에서 보았듯이, 빚더미의 무서운 마력에 빠지기 전에 그들의 권유대로 가계 부채를 일정 선에서 통제하려는 노력을 시작해야 할 때가 아닌지 진지하게 고민해야 할 것이다.

또한, 경제 관료들의 예상이 틀려서 일본처럼 빚더미가 무너질 경우에 대비한 비상 대응책Contingency Plan을 아주 촘촘하게 설계해놓아야 할 것이다. 일단 빚더미가 무너지기 시작한 이후에는 어떠한 비책도 통하지 않기 때문에, 나중에 후회하지 않도록 지금부터 철저하게 모든 경우에 대비해야 한다.

내 돈 지키는 금융회사
사용설명서

1%대 저금리 시대가 본격화되자 돈을 굴릴 곳을 찾지 못하겠다며 고민하는 사람들이 늘고 있다. 비상이 걸린 것은 금융회사도 마찬가지다. 금융회사들의 수익성이 크게 악화된 데다 고객이 돈을 맡겨도 투자할 곳이 마땅치 않기 때문이다. 지금까지 금융회사들은 고성장의 과실을 마음껏 누리며 막대한 이윤을 챙겨왔다. 하지만 고령화에 의한 성장률 둔화가 본격화되고 장기적으로 저수익·저금리 기조가 고착화되면 금융회사들의 이윤도 함께 줄어들 것이다.

이렇게 수익성 악화로 경영 위기에 내몰리면 아무리 신뢰할 수 있었던 금융회사들이라고 하더라도 고객에게 불리한 마케팅 전략을 내세우거나 허황된 약속으로 고객을 현혹하려 할 수 있다. 그 대표적인 사례가 1980년대 생명보험사들이 팔았던 백수白壽보험이다.

보험사들은 한 달에 3만~4만 원을 내면 한 해 연금 100만 원 외에 수억 원대의 확정배당금을 추가로 준다며 가입자들을 끌어모았다. 당시 직장인 월급이 10만 원대에 불과했던 것을 감안하면 적지 않은 보험료였지만 백수보험 가입자들은 풍족한 노후를 꿈꾸며 생활비를 아끼면서 꼬박꼬박 보험료를 냈다. 하지만 20여 년이 흘러 보험금을 지급할 때가 되자, 보험사들은 시중금리가 떨어졌다는 것을 이유로 확정배당금을 거의 지급하지 않았다. 가입자들은 보험사들이 '확정배당금'이라고 명시해놓고도 이를 주지 않는다며 소송까지 냈지만, 법원은 보험사들의 손을 들어주었다.

또 외환 위기 직후인 1998년에는 금리가 치솟아 오르자 보험사들이 고객들을 잃지 않기 위해 예정이율이 연 10%에 육박하는 고금리 저축성 보험 상품을 내놓았다. 하지만 나중에 금리가 급락하자, 보험사들은 더 좋은 상품을 출시한 것처럼 고객들을 현혹해 예정이율이 훨씬 더 낮거나 변동금리 상품으로 갈아타도록 유도했다. 보험사를 믿고 보험 상품을 갈아탄 고객들은 예정이율이 반 토막 수준으로 떨어져 큰 손해를 보았다.

이처럼 갑자기 금융 환경이 바뀌었을 때 금융회사들의 태도가 돌변한 경우는 한두 번이 아니었다. 이 때문에 그동안 믿고 거래해왔던 '단골' 금융회사라고 하더라도 결코 과신해서는 안 된다. 우리나라 금융사들뿐만 아니라 세계에서 가장 법과 원칙을 잘 지키는 나라 중에 하나인 오스트리아조차 자신들이 누리던 호황이 끝나는 순

간 와인에 '자동차 부동액'을 넣는 황당한 사기극까지 벌였다는 점
은 우리에게 시사하는 바가 크다.

왜 그들은 와인에
부동액을 넣었을까?

1970년대 후반 오스트리아 와인은 전 세계적으로 큰 인기를 끌었
다. 그 이유는 아이러니컬하게도 귀부병(貴腐病, Noble rot)이라는 병
충해가 오스트리아 포도 농장을 휩쓸었기 때문이었다. 귀부병이란
귀하게 부패했다는 뜻으로 이 병은 포도에 있던 수분을 빨아들여
포도알이 쪼그라들지만 대신 당도가 크게 올라간다. 이 때문에 눈
으로 보기에는 도저히 먹을 수 없는 썩은 포도처럼 보이지만, 와인
을 만들면 달콤하고 점도가 높아 독특한 풍미를 자랑하는 '귀부와
인'이 된다. 이 귀부병 덕분에 오스트리아는 와인 수출이 크게 늘면
서 유럽 3대 와인 수출국이 될 정도로 호황을 누렸다.

그런데 1980년대 초반, 무슨 이유에서인지 귀부병이 유행하지 않
게 됐다. 그 결과 오스트리아 와인은 특유의 맛을 잃고 큰 위기를
겪게 됐다. 하지만 호황을 누렸던 오스트리아 농가들은 과거의 영
광을 쉽게 포기하지 못했다. 그래서 와인에 다른 첨가물을 넣는 것
자체가 불법임에도, 오스트리아 와인 업계는 귀부와인과 같은 달콤
하고 진득한 맛을 내기 위해 온갖 실험을 하기 시작했다. 그런데 놀

랍게도 '자동차 부동액'을 와인에 넣었더니 귀부와인과 같은 맛을 내는 것을 발견하고 와인에 화학물질을 섞기 시작했다.

이 '부동액 와인' 덕에 오스트리아의 와인은 명성을 되찾고 다시 호황을 누리기 시작했다. 하지만 이웃 나라들은 기후와 풍토가 비슷한데도 왜 오스트리아에서만 맛있는 와인이 나오는지 의심의 눈초리로 바라보기 시작했다. 이런 상황에서 오스트리아의 한 와인 업체가 세금을 돌려받기 위해 부동액 성분의 화학물질 구입 비용 영수증을 국세청에 제출하는 바람에 와인에 부동액을 섞은 사실이 만천하에 들통나고 말았다.

이것이 바로 1985년 유럽을 발칵 뒤집었던 '오스트리아 와인 스캔들'이다.[5] 이로 인해 오스트리아는 와인 수출이 아예 중단되다시피 하면서 경제 전체가 휘청거릴 만큼 큰 타격을 받았다. 와인 스캔들이 한창 화제가 되었던 당시 유럽에서는 "오스트리아 사람들은 추운 겨울에 반바지만 입고 돌아다니는데, 그 이유는 와인에 부동액을 섞어 마시기 때문이다"와 같은 유머가 유행할 정도였다.

'공포 마케팅'이
당신의 돈을 노린다

제 아무리 신뢰할 수 있었던 금융회사라고 하더라도 수익률이 급속도로 악화되어 절박한 상황에 처하면 당신을 속이려 할 수 있다. 그

대표적인 방법 중에 하나는 바로 '공포 마케팅'이다. 일부 금융회사들은 노후에 대한 근심이 커진 것을 이용해 은퇴 이후 10억 원의 목돈이 필요하다는 허황된 수치를 제시하고, 당신이 감당할 수 없을 정도로 무리하게 금융상품에 가입하도록 유도하는 수법을 쓰는 경우가 있다.

이들은 은퇴 이후 한 달에 300만 원씩 생활비로 쓰려면 30년 동안 10억 원이 필요하다고 주장한다. 그리고 10억 원을 만들려면 젊었을 때부터 저축성 보험 같은 장기 금융상품에 몇 백만 원에 이르는 큰돈을 불입해야 한다고 겁을 준다. 물론 일찍부터 저축하는 것은 매우 좋은 일이다. 하지만 노후를 대비하겠다고 무리하게 큰돈을 장기 금융상품에 넣었다가 정작 목돈이 필요하거나 생활비가 부족할 때 중도에 해지해 막대한 손해를 보는 경우가 한둘이 아니다.

더구나 노후에 호화 생활을 꿈꾸는 것이 아니라면 10억 원이라는 엄청난 목돈을 준비할 필요가 전혀 없다. 은퇴 이후 한 달에 생활비로 300만 원을 쓰는 가구는 대다수 중산층과 거리가 멀다. 게다가 국민연금에 가입한 40~50대의 경우에는 노후 생활비의 3분의 1 정도는 국민연금으로 충당할 수 있다. 특히 부부가 모두 국민연금에 가입한 경우에는 그 비율이 훨씬 높아진다. 또한 금융회사들은 노후에 근로소득이 전혀 없는 것을 가정하지만, 우리나라에서 60대 초반의 고용률은 무려 57%로 30대보다도 고용률이 높기 때문에 현실과 전혀 맞지 않는다.

더구나 은퇴 이후 나이가 들어갈수록 필요한 생활비는 급격하게 줄어든다. 미국의 경우 80대 가구의 생활비는 60대보다 절반 가까이 줄어든다는 통계가 있다. 이 때문에 60대와 동일한 수준으로 80대 생활비를 추정하는 일부 금융회사의 계산 방법은 고객들의 공포심을 유발해 자신의 금융상품을 팔기 위한 것일 뿐, 우리가 맞이하게 될 노후와는 거리가 멀다.

결국 정말 내 노후를 위협하는 것은 은퇴 시에 10억 원을 마련하지 못하는 것이 아니라 일부 금융회사의 공포 마케팅에 속아 자신이 감당할 수 없는 무리한 투자나 저축을 하는 것이다. 이 같은 공포 마케팅에 넘어가지 않으려면 그들이 심어주는 막연한 두려움에 굴복할 것이 아니라 스스로 자신의 노후를 꼼꼼히 설계해야 한다. 고령화 사회에서는 노후를 준비할 시간도 그만큼 늘어나기 때문에 이를 막연히 두려워하기보다 그 소중한 시간을 어떻게 활용할지 차분히 연구할 필요가 있다.

단골에서 '호구'로
전락하지 않으려면?

흔히 주거래 금융회사를 만들어 단골이 되면 많은 혜택을 받을 것이라고 생각하기 쉽다. 이 때문에 금융거래를 한 금융회사에 집중시키려 노력하는 사람들이 많다. 하지만 단골 고객에 대한 혜택이라는 것은 종류만 요란할 뿐 실제로 받을 수 있는 혜택을 따져보면 별 도움이 되지 않는 경우가 많다. 특히 큰돈을 대출받는 등 결정적인 거래를 할 때는 '단골' 금융회사를 믿는 것이 더 손해를 볼 수도 있다.

2000년 9월, 미국의 인터넷 쇼핑 사이트인 아마존Amazon이 고객들의 거센 항의를 받은 적이 있었다. 아마존을 즐겨 사용하던 한 인터넷 사용자가 컴퓨터를 정리하기 위해 과거 접속 기록을 모두 삭제하고 아마존에 접속해 평소에 눈여겨 봐뒀던 DVD 타이틀을 사려고 했다. 그랬더니 평소에는 26달러였던 DVD 가격이 22달러로 낮아져 있었다. 도대체 왜 이런 일이 일어난 것일까?

아마존은 고객의 접속 정보를 저장하고 있다가 자주 찾아오는 단골 고객이면 비싼 가격을 노출하고, 새로운 고객이면 더 싼 가격을 노출하는 이중가격 정책을 썼다. 신규 고객을 끌어들이기 위해 '가격 차별'이라는 마케팅 전략을 사용한 것이었다. 이 사실이 알려지자 기존 고객들의 항의가 빗발쳤고, 아마존은 적어도 공식적으로는 이 같은 가격 차별 정책을 포기하겠다고 선언했다.

이윤을 끌어올리기 위해 단골에게 더 비싼 가격을 매기는 마케팅 전략을 쓰는 것은 아마존만이 아니다. 과거 한국의 이동통신사들도 기존 고객보다 신규 고객에게 더 많은 혜택을 주는 경우가 적지 않았다. 그래도 아마존이나 이동통신사들의 가격 차별은 고객들에게 명백하게 드러나기 때문에 비교적 쉽게 파악된다고 볼 수 있다.

이보다 더욱 은밀하면서 우리에게 더 큰 영향을 주는 것은 바로 금융회사들의 가격 차별 정책이다. 금융회사들이 책정하는 대출 금리나 담보 조건 등은 사람마다 다른 데다가 상담에서 대출까지 시간이 걸리기 때문에 가격을 비교하기 위해 발품을 팔기가 쉽지 않다. 그래서 은행이 신규 고객보다 오히려 단골에게 더 비싼 대출 금리를 매기는 가격 차별을 한다고 해도 이를 알아채기가 매우 어렵다.

이처럼 단골 금융회사만 믿고 거래했다가 나중에야 손해를 본 것을 깨닫고 언론사에 제보하는 사람들도 많다. 하지만 일단 금융상품을 계약하고 난 뒤에는 이 같은 피해를 구제받기가 쉽지 않다. 그러므로 중요한 거래를 할 때는 단골 은행만 믿지 말고 조금만 더 발품을 팔아 경쟁 은행의 조건을 확인하는 편이 보다 현명하게 금융회사를 이용하는 방법이 될 것이다.

최근 금융회사들이 이윤을 더욱 높이기 위해 사용하고 있는 '공포 마케팅'과 '가격 차별'이라는 두 가지 마케팅 전략을 파헤쳐보았다. 물론 금융회사 중에는 신뢰할 수 있는 곳도 많이 있다. 또, 더나은 노후를 위해서는 금융회사들을 기피하기보다 현명하게 잘 활용하는 편이 유리하다.

하지만 금융회사가 언제나 내 편이라고 과신했다가는 낭패를 볼 수 있기 때문에 언제나 꼼꼼히 살펴보고 주의하는 편이 좋다. 과거 고성장 시대에는 큰 손실을 봐도 얼마든지 이를 메울 기회가 찾아왔지만, 앞으로 저성장 시대가 고착되면 한 번만 손실을 보아도 이를 회복할 기회가 좀처럼 찾아오지 않을 것이기 때문이다.

04
한국 경제 대격변
이제부터 시작된다

2015년은 우리 경제의 대내외 환경이 송두리째 바뀌는 정말 중요한 변곡점이 되는 해이다. 그 중에서도 가장 중요한 변화는 2015년 이후 15~64세 인구인 생산가능인구의 비중이 본격적으로 감소하기 시작한다는 점이다. 2012년에 정점을 기록했던 생산가능인구의 비중이 3년째 비슷한 수준을 유지하다가 본격적으로 줄어들기 시작한다.

지금까지 우리 경제는 생산가능인구 비중이 늘어나면서 경제성장이 가속화되는 인구 보너스Demographic Bonus 혜택을 누려왔다. 하지만 2015년 이후에는 생산가능인구 비중의 감소로 경제성장이 둔화되는 '인구 오너스Demographic Onus의 습격'이 시작될 것이다.

인구 오너스 시대에는 노동력 감소가 가장 큰 문제라고 보는 사람들도 있지만, 그것보다 심각한 문제는 소비 시장이 위축된다는 점이다. 은퇴세대는 젊은 층과 달리 자동차나 냉장고, 가구 같은 내구재를 적극적으로 소비하지 않는다. 더구나 청년층이 줄어들면 신제품이 나오자마자 사는 '얼리 어답터Early Adopter'의 숫자가 감소해 창의적인 신제품이 설 자리가 사라진다.

더 큰 문제는 자산시장이 크게 흔들릴 수밖에 없다는 점이다. 은퇴세대는 아무래도 실물 자산을 팔 수밖에 없는데, 이를 사줄 청년층의 숫자가 줄어들면 자산 가치가 하락할 가능성이 커진다. 지금까지 인구 오너스의 습격에서 자산 가치를 방어하는 데 성공한 나라는 해외 자본이 대거 유입됐거나 청년층이 든든한 경제 기반을 갖고 있는 경우밖에 없었다.

빠른 추격자 전략의
종말

2015년 이후 우리가 겪을 거대한 변화는 단지 인구 문제만이 아니다. 우리가 맞이하게 될 또 다른 문제는 그동안 우리 경제가 성장하는 데 가장 큰 원동력이 되어왔던 '빠른 추격자 전략'이 급속히 힘을 잃어간다는 점이다.

'빠른 추격자 전략'이란, 다른 나라에서 성공이 확인된 혁신적인 상품이나 서비스를 벤치마킹해서 뛰어난 조직력을 동원해 빠르게 선두 주자를 추격하는 방식이다. 비록 남의 것을 베끼는 것이지만 혁신 기반이 부족한 개도국에서는 매우 효율적인 전략이 될 수 있다. 이미 성공한 혁신을 추격의 대상으로 하기 때문에 투자 위험을 최소화할 수 있고, 한정된 개도국의 자원을 한 곳에 집중해 자원을 낭비하지 않고 신속하게 추격할 수 있기 때문이다.

그러나 우리나라가 빠르게 성장하는 데 중요한 역할을 해왔던 이 빠른 추격자 전략이 이제는 더 이상 과거와 같이 강력한 힘을 발휘할 수 없게 됐다. 혁신의 선두 주자라고 할 수 있는 미국의 생산성 향상 속도가 눈에 띄게 더뎌진 데다, 중국이나 인도처럼 강력한 내수 시장으로 무장한 나라들이 우리보다 더 빠르고 효율적인 추격 전략으로 도전장을 내놓고 있기 때문이다.

그렇다고 지금 우리가 빠른 추격자 전략을 버리고 '혁신을 선도하는 전략First Mover Strategy'으로 전환하기도 쉽지 않다. 이를 위해서는 대기업에 편중된 경제 시스템이 아니라 새로운 창업 기업이라도 언제든 1등이 될 수 있는 역동적인 창업 생태계가 조성되어야 하지만, 이미 대기업에 중독된 우리 경제가 당장 혁신적인 경제로 전환하기는 불가능에 가깝기 때문이다.

불황으로 치닫는 세계 경제,
한국을 위협하다

현재 우리를 둘러싼 대외 경제 여건이 급속하게 악화되고 있다. 그동안 세계 경제의 견인차 역할을 해왔던 중국은 이미 2012년부터 생산가능인구가 줄어드는 인구 오너스 현상을 겪고 있다. 다행히 지금까지는 농촌의 유휴 인력이 도시로 몰려드는 '도시화' 현상 덕분에 그 충격을 완화할 수 있었지만, 이제 그 한계에 가까워지면서 중국의 빠른 경제성장에 먹구름을 드리우고 있다.

특히 한없이 부풀어 오른 중국의 자산 버블은 언제 꺼질지 모를 만큼 위험한 상황으로 치닫고 있다. 중국 정부가 대대적인 부양책으로 거품 붕괴를 잠시 뒤로 미뤘지만, 이미 성장률이 하락하기 시작한 상황에서 자산 버블을 유지하기는 쉽지 않을 것이다. 만일 중국의 자산 버블이 꺼지기 시작하면 지금까지 온갖 회계 부정으로 부실을 숨겨왔던 은행이나 기업들이 무너져 내려 경제 전체에 큰 충격을 주게 될 것이다.

유럽의 상황도 우리에게 결코 유리하지 않다. 유럽이 불황과 싸우겠다며 대대적인 양적 완화를 한 탓에 유로화 가치가 낮아지면서 우리 수출 기업들의 경쟁력이 크게 악화됐지만, 그럼에도 불구하고 유럽의 경기 회복 속도는 여전히 더딘 상황이다. 게다가 양적 완화를 무한정 유지할 수는 없기 때문에, 이러한 극단적인 조치로도 경제가 살아나지 못한다면 더 이상 유로존에 남아 있는 경기 부양책은 거의 없다.

한국 경제에
'엔드게임'이 시작되다

이러한 상황에서 미국이 금리를 인상하면 우리가 당장 금리를 따라 올리지 않더라도 더 이상 기준금리를 내릴 수는 없게 된다. 이 같은 상황은 그동안 금리 인하와 추가경정예산(추경)을 통해 경기 부양을 해왔던 우리 경제를 '엔드게임Endgame' 상황으로 몰아넣게 될 것이다.

엔드게임이란 체스 게임이 종반부에 이르면 남아 있는 장기 말이 거의 없어 둘 수 있는 수가 더 이상 남지 않은 상황을 가리키는 체스 용어이다. 그런데 최근에는 온갖 경기 부양책과 신용팽창 정책을 쏟아부어 정부가 쓸 수 있는 정책 수단이 더 이상 남아 있지 않은 상황을 나타내는 단어로도 쓰이고 있다.

주가가 회복하고 부동산 가격이 오르면 당장은 경기가 회복되고 있는 것처럼 착각할 수 있다. 하지만 이 모든 것이 사상 초유의 저금리 정책과 추경으로 풀린 천문학적 규모의 돈이 만들어낸 환상이었다면 어떻게 될까? 이제 2015년 이후 우리 경제가 서서히 엔드게임 단계에 들어가기 시작하면 돈의 힘이 사라진 우리 경제의 '진짜 실력'이 드러나게 될 것이다.

돈으로 화려하게 치장한 '베일Veil'이 걷힌 뒤 우리가 직면하게 될 한국 경제의 민낯이 어떤 모습일지는 아직 속단하기 어렵다. 하지만 그동안 우리 경제의 근본적인 체질 개선 없이 경기 부양책만 반복해왔던 점을 감안할 때, 우리가 맞이할 한계상황이 그리 녹록하지 않을 것임을 짐작할 수 있다.

이러한 대대적인 변화를 앞두고 있는 우리 경제에서 과거 고성장시대에 누렸던 영화榮華의 그림자를 좇기보다는 거대한 변화의 물결에 주의를 기울이고, 어떻게 생존할 것인가를 더욱 주의 깊게 연구할 필요가 있다. 한마디로 대격변의 시대에 당신의 생존 확률을 높이기 위해 안전벨트를 매어두는 편이 유리한 시기가 시작된 것이다.

당신이 아무리 노력해도 부자가 될 수 없는 이유

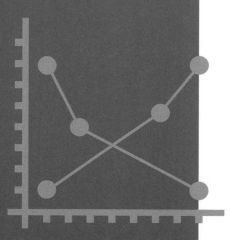

"
부의 대물림보다 더 큰 문제는
바로 가난의 대물림이다.
왜 우리는 열심히 일해도 부자가 될 수 없을까?
"

01

재벌 세습이 일상화된
대한민국

우리나라에서는 열심히 노력만 하면 성공하거나 부자가 될 수 있을까? 2013년 현대경제연구원의 조사 결과, '그렇다'고 생각하는 사람은 고작 25%에 불과한 것으로 나타났다. 특히 가장 활발하게 도전할 나이인 30대의 경우에는 20%만이 '자신의 노력으로 계층 상승을 할 수 있다'고 응답했다. 같은 연구원의 2012년 조사에서는 '앞으로 계층 상승이 더욱 어려워질 것'이라고 생각하는 사람이 무려 98%나 됐다. 도대체 어쩌다가 우리나라에서는 성공을 꿈꾸는 것이 이토록 터무니없는 일이 되어버린 것일까?

2014년 10월 《월스트리트 저널》의 한 칼럼이 눈길을 끈다. 미국의 투자은행인 모건 스탠리Morgan Stanley의 루치르 샤르마Ruchir Sharma 신흥시장 담당 사장은 한국의 억만장자들을 '상속형 부자'로 분류

했다. 한국에서 1조 원 이상을 보유한 억만장자들 중 84%가 부모에게 재산을 상속받아 부자가 됐기 때문이었다.[1]

이에 비해 미국은 마이크로소프트Microsoft Corporation를 창업한 빌 게이츠처럼 혁신적인 IT기업을 창업해 부자가 된 사람들이 경제 전체를 주도하고 있기 때문에, 부모에게 상속을 받아 억만장자가 된 사람은 고작 33%에 불과했다. 한국과 경제구조가 유사한 일본조차 부모 재산을 물려받아 억만장자가 된 사람은 고작 12%에 불과했다.

한국은 왜
'세습형 경제'가 되었을까?

현실이 이러한데도, 재벌들은 우리나라의 상속세 최고세율이 너무 높아서 자식에게 회사를 물려주기가 어렵다고 아우성이다. 우리나라의 상속세율은 최고 50%이고, 가산세를 합치면 최고 65%까지 올라가기 때문에 명목상 세율은 높아 보인다. 하지만 '기업'을 상속할 때는 최고 500억 원까지 공제해주는 등 온갖 공제 제도가 있어 실효세율은 훨씬 낮은 편이다. 게다가 갖가지 변칙적인 상속 방법으로 이마저 회피하면서 일부 재벌들에게는 상속세가 사실상 무의미한 지경이 되어 있다.

2014년 이재용 삼성전자 부회장은 삼성SDS와 제일모직 상장으로 9조 원에 이르는 상장 주식을 보유해 주식 부자 2위에 올랐다. 대부분 이건희 회장에게 물려받은 재산이지만, 이런 천문학적인 재산을 손에 넣으면서 이 부회장이 납부한 증여세는 고작 16억 원에 불과했다. 다른 재벌 자녀들도 일감 몰아주기 등 기상천외한 방법을 동원해 증여세와 상속세를 회피하고 있지만, 정부가 이를 제대로 단죄한 적은 거의 없었다.

이처럼 탈세를 시도하다 걸려도 별 문제가 없다면 도대체 누가 법을 지키겠는가? 법을 지키는 사람이 거꾸로 손해를 보는 상황에서는 시장 질서가 붕괴될 수밖에 없다. 자본주의가 가장 발달한 미국에서 부유층의 탈세에 대해 엄중한 잣대를 적용하는 이유가 바로 여기에 있는 것이다.

더욱 심각한 문제는 구조적으로 부유층에 유리한 제도가 한두 가지가 아니라는 점이다. 특히 부유층에 유리한 조세 정책은 우리나라를 상속형 경제로 만드는 핵심적인 역할을 하고 있다. 우리나라는 유류세와 담뱃세 같은 간접세가 전체 세수의 절반이나 되는 반면, 소득세 비중은 낮기 때문에 조세 정책으로 인한 빈부 격차 완화 효과도 거의 없다.

한국 경제의 미래를 위협하는
가난의 대물림

부의 대물림보다 더 큰 문제는 바로 가난의 대물림이 고착화되고 있다는 점이다. 이제 가난한 부모에게 태어난 학생들은 아무리 열심히 노력하며 공부해도 자신의 힘만으로는 계층 상승을 꿈꾸기가 매우 어려워졌다. 공교육이 흔들리고 값비싼 사교육에 의존하기 시작하면서 부모의 소득수준에 따라 자녀의 성적까지 차이가 나고 있기 때문이다. 서울시 교육청의 조사 결과, 부모 소득이 500만 원 이상인 중학교 1학년의 주요 세 과목 평균 점수가 200만 원 이하로 버는 부모를 가진 학생들보다 13% 이상 높았다.

대학 입시 결과는 학생들의 내신 성적 차이보다 훨씬 더 크게 벌어졌다. 부모의 정보력과 재력이 대학 합격에 결정적인 역할을 하는 현행 입시 제도 때문이다. 김세직 서울대 경제학부 교수의 연구 결과[2], 2014년 서울대에 합격한 학생 가운데 강남구 출신 학생이 강북구보다 무려 스물한 배나 많았다. 강남구 인구는 강북구의 두 배도 되지 않는다. 결국 부모의 소득과 정보력이 자녀의 학력까지 결정하는 시대가 된 것이다.

더구나 가난을 이겨내고 어렵게 대학에 들어간다고 해도 계층 이동에 성공하기는 쉽지 않다. 1989년 대학 등록금 자율화 이후 등록금이 무려 다섯 배나 올랐다. 또한 취업문이 극도로 좁아지면서 대학생들은 각종 어학 점수와 자격증 등 '스펙'을 쌓는 데 1인당 평균 4260만 원을 쓰고 있다고 한다.[3] 게다가 2000년대 집값 상승과 함께 학생들의 주거비까지 천정부지로 올랐다. 이처럼 학생들의 비용 부담이 급증하면서 졸업장과 동시에 천문학적인 빚더미를 떠안고 사는 청년들이 한둘이 아니다.

각종 고시가 철폐되거나 축소되고 부유층에게 유리한 로스쿨이나 외교아카데미로 바뀌면서 '역전의 사다리'는 점점 더 사라지고 있다. 더구나 힘겹게 로스쿨을 졸업한다고 해도 유력 집안의 자녀가 아니라면 대형 로펌에 들어가기는 '하늘의 별 따기'만큼 어려워졌다. 이 같은 부의 대물림은 의사나 회계사 등 다른 전문직에서도 비슷하게 일어나면서 경제 전반으로 확대되고 있다. 한마디로 우리 경제가 더 이상 개천에서 용이 나오기가 불가능한 '세습형 경제'로 변해가고 있는 것이다.

세습 경제의 끝은
함께 파멸하는 것이다

우리나라보다 한 발 앞서 부의 대물림이 시작되어 이미 '세습형 경제'가 고착화된 나라가 바로 이탈리아다. 2010년, 스물일곱 살의 젊은 청년 노르만 자르코네Norman Zarcone의 자살로 이탈리아 교수 사회가 발칵 뒤집힌 적이 있다. 교수를 꿈꾸던 자르코네는 지도교수에게 "너는 실력이 있어도 잘나가는 든든한 친인척이 없기 때문에 교수가 되는 것은 불가능하다"라는 말을 듣고 절망한 나머지 죽음을 택한 것이다.

그의 죽음 이후 세습화된 교수 임용 관행을 막아야 한다는 여론이 들끓었지만, 교수직 세습은 지금도 계속되고 있다. 이탈리아에서는 대학원생이나 교수를 선발하는 제도를 두고 있지만, 이 제도는 이탈리아 대학을 장악하고 있는 교수, 즉 '바로네Barone'들이 지원서를 받기도 전에 미리 뽑을 사람을 정해놓고 시험을 치는 요식 행위로 전락한 지 오래다. 이처럼 세습이 일상화되어 있기 때문에 뛰어난 청년들은 아예 이탈리아에서 성공하겠다는 꿈을 접고 해외로 탈출하고 있다. 실제로 이탈리아를 탈출해 미국에서 진화생물학의 대가가 된 다리오 마에스트리피에리Dario Maestripieri는 자신의 저서 『영장류 게임』에서 이 같은 이탈리아의 현실을 신랄하게 비판하고 있다.[4]

이처럼 이탈리아에서는 교수뿐만 아니라 기업인과 각종 전문직 종사자들이 자신의 직업과 부를 자식에게 물려주는 데 혈안이 되어 있다. 심지어 택시기사도 부모에게 세습을 받는 경우가 비일비재하다. 이와 같이 사회 전반에 만연한 세습은 이탈리아 경제에 치명적인 악영향을 주고 있다. OECD 통계에 따르면 2000년 이후 14년 동안 이탈리아의 연평균 경제성장률은 0%였다.

역전의 사다리가
가장 강력한 부양책이다

아무리 노력해도 부모에게 부와 직업을 물려받은 사람을 도저히 따라잡을 수 없다면, 도대체 누가 최선을 다해 노력하겠는가? 조금이라도 능력이 있는 이탈리아 청년들은 고국을 버리고 미국이나 독일로 떠나버렸고, 남은 청년들은 꿈을 잃고 비정규직 일자리를 전전하고 있다. 우리나라에 '88만 원 세대'가 있는 것처럼 이탈리아에서는 '1,000유로 세대'가 꿈을 잃은 청년들을 일컫는 말이 되어버렸다.[5]

지금 우리 경제는 이탈리아와 같이 성장이 멈춘 세습 경제로 가느냐, 아니면 다시 역전의 사다리를 놓아 경제의 활력을 되살릴 것이냐 하는 기로에 서 있다.

우리나라가 세습 경제로 가게 되면, 당장은 부유층들이 자기 자녀에게 더 많은 재산을 물려줄 수 있어서 유리해 보일지 모른다. 하지만 이러한 세습 경제가 고착화되면 소외된 청년들이 도전 의식을 잃어 경제 전체의 성장 동력도 크게 약화될 것이다. 그리고 이 같은 성장 정체는 다시 부유층에게 부메랑처럼 돌아가 모두를 더욱 가난하게 만들 것이다. 결국 무너진 '역전의 사다리'를 다시 세우지 않는 한, 우리 경제의 활력을 다시 되돌리기는 불가능에 가까울 것이다.

02

세계는 임금 인상 열풍,
거꾸로 가는 한국

2015년 경제가 점점 더 불황의 늪을 향해 달려가기 시작하자 우리 나라 기업들은 우선 기업이 살아야 경제도 살아난다며 임금 인상 억제를 위한 총력전에 나서고 있다. 또 근로자를 보다 자유롭게 해 고할 수 있어야 기업이 마음 놓고 고용을 늘릴 수 있다는 주장을 하 고 있다. 이에 덧붙여 경총은 최저임금도 동결해야 한다고 주장하 고 있다. 최저임금을 올리면 일자리가 줄어들기 때문에 근로자에게 도 손해라는 논리이다.

이처럼 임금 억제 총력전에 나선 한국 기업들과 달리, 우리의 주 요 경쟁국에서는 극심한 경제 불황 속에서도 임금 인상의 거센 열 풍이 불고 있다. 특히 일본은 정부와 기업의 협력 속에서 임금을 속 속 인상하고 있다. 일본의 게이단렌(経団連, 우리나라의 전경련에 해당)은 2015년 임금 상승률이 평균 2.6%로, 1998년 이후 17년 만에 최고치를 기록했다고 발표했다. 독일 기업들도 2015년 임금을 평균 3.5%나 올려, 1990년대 이후 20여 년 만에 최대 폭의 임금 인상을 단행했다. 불황이 한창이라는데 도대체 이들 나라들은 왜 일제히 임금을 올리고 있는 것일까?

임금 인상 열풍, 미국을 강타하다

미국에서 임금 인상 열풍을 불러온 것은 바로 월마트Wal-mart였다. 낮은 임금으로 유명했던 월마트는 무려 6년 동안 7달러대로 동결해왔던 최저 시급을 2015년 4월부터 9달러로 인상하고, 2016년부터는 10달러로 올리겠다고 전격 발표했다. 여기에 미국 최대의 패스트푸드 체인점인 맥도날드가 2015년 7월부터 직영 매장 직원 9만 명의 최저 시급을 9달러에서 9달러 90센트로 대폭 인상하겠다고 발표하면서, 임금 인상이 미국 전역으로 급속히 확산되고 있다.

기업들의 자발적인 임금 인상 열풍 속에서 오바마 미 대통령은 최저임금을 7달러 25센트에서 10달러 10센트로 무려 40%나 인상하는 방안을 추진하고 있다. 이와 관련해 오바마 대통령은 2015년 1월 20일 미 의회 연설에서 "여기 의원들 중에 아직도 최저임금 인상을 반대하는 사람이 있다면 나는 이 말을 해주고 싶습니다. 하루

여덟 시간씩 꼬박꼬박 일하면서 1년에 1만 5,000달러(약 1800만 원)도 안 되는 돈을 받고 가족을 부양할 수 있다고 생각하십니까? 그렇다면 한번 그렇게 살아보세요. 그게 아니라면 가장 어려운 처지에 있는 수백만 미국 노동자들의 임금을 올리는 데 표를 던지십시오!"라고 호소했다.

이 같은 최저임금 인상안에 대해 미국 부자들은 어떻게 생각하고 있을까? 미국의 유명한 투자컨설팅 업체인 스펙트렘 그룹Spectrem Group이 100만 달러가 넘는 자산을 가진 500명의 백만장자들을 대상으로 설문조사를 한 결과, 94%가 최저임금을 올려야 한다고 응답했다. 더구나 전체 응답자의 62%는 최저임금을 40% 이상 올리는 데 찬성하고 있는 것으로 나타났다. 우리나라 경영자총협회는 최저임금을 올리면 경제가 더 악화된다는데, 왜 미국의 백만장자들은 그처럼 '미국 경제에 악영향을 주는' 최저임금 인상에 찬성하고 있는 것일까?

왜 미국의 백만장자들은 최저임금 인상에 찬성할까?

미국에는 연방법에 따라 미국 전체에 적용되는 최저임금이 있지만, 이와 별도로 주州마다 달리 적용되는 최저임금이 있기 때문에 최저임금 인상 효과를 연구할 수 있는 좋은 기회를 제공한다. 데이비드

카드David Card 버클리 대학 교수와 앨런 크루거Alan B. Krueger 프린스턴 대학 교수는 1992년 뉴저지 주가 최저임금을 4.25달러에서 5.05달러로 올린 데 비해, 바로 옆에 있는 펜실베이니아 주에서는 4.25달러를 그대로 유지한 사례에 주목했다.[6]

만일 우리나라 경총의 주장대로 최저임금 인상이 일자리를 줄인다는 것이 사실이라면, 최저임금을 올린 뉴저지 주의 일자리가 줄어야 했을 것이다. 그러나 놀랍게도 경총의 주장과 정반대의 현상이 일어났다. 최저임금 인상 전후를 비교한 결과, 최저임금을 올린 뉴저지의 패스트푸드 체인점이 펜실베이니아 체인점보다 고용을 더 늘린 것으로 나타난 것이다. '최저임금이 오르면 고용이 줄어든다'는 지금까지의 통념을 완전히 뒤집는 결과였다.

이처럼 경제 이론과 달리 실증적인 연구에서는 최저임금 인상이 오히려 일자리를 늘린 사례가 잇따라 목격되자, 영국 정부 산하의 최저임금위원회는 2010년 3월 영국 의회에 '최저임금 인상으로 실업률이 높아지는 현상은 관찰되지 않았다'는 내용의 보고서를 제출했다. 또한 정책전문가들의 모임인 영국 정치연구학회UK Political Studies Association의 회원들은 지난 30년간 수많은 영국 정부의 정책 중에서 '최저임금제'가 가장 성공한 정책이라고 평가했다.[7]

최저임금 인상에도
일자리가 늘어난 이유

그렇다면 최저임금 인상에도 불구하고 왜 일자리가 늘어나는 현상이 나타나게 된 것일까? 그 해답 중 하나는 신자유주의의 총본산總本山이라고 할 수 있는 시카고 연방준비은행의 경제학자들이 제시했다. 이들이 최저임금 인상과 가계지출의 데이터를 연구한 결과, 최저임금이 1달러 늘어나면 근로자 가구의 분기당 소비 지출이 무려 800달러나 늘어나는 것을 확인한 것이다.[8]

또 미국 경제정책연구소EPI의 카이 필리언Kai Filion은 2008년부터 2010년까지 세 차례에 걸친 최저임금 인상으로 230만 세대의 가계소득이 늘어나 미국에서 104억 달러의 소비 지출이 늘어났다는 분석을 내놓았다. 최저임금 인상으로 수백만 가구의 소비 지출이 대폭 늘어나면 기업의 투자가 활성화되고, 나아가 다른 노동자들을 위한 일자리 창출로 이어진다는 것이다.[9]

이처럼 놀라운 연구들이 속속 등장하면서 미국에서는 경제학 원론 교과서까지 뿌리째 뒤흔들고 있다. 미국에서 최소한 200만 명 이상이 읽은 경제학 원론서의 저자이자 미국 중앙은행연구의 최고 권위자로 유명한 앨런 블라인더Alan Blinder가 1979년 처음 쓴 경제 원론에서 '최저임금 인상은 반드시 실업률을 높인다'고 기술했지만, 2006년 출판한 10판에서는 '1990년대부터 놀라운 연구 결과들이 나오면서, 최저임금 인상이 일자리를 줄인다는 믿음에 중대한 의문을 제기했다'는 내용으로 교과서까지 바꾸었다.[10]

이 같은 거대한 흐름의 변화 속에서 2006년 미국에서는 650명이 넘는 저명한 경제학자들이 최저임금 인상 지지 성명에 참여했다. 이 성명에는 노벨 경제학상 수상자도 다섯 명이나 포함되어 있었다. 성명에 참여한 경제학자들은 적절한 최저임금 인상은 경기를 위축시키거나 일자리를 줄이지 않고, 오히려 빈곤 퇴치와 소비 진작에 큰 도움이 된다고 주장했다. 이처럼 미국에서는 최저임금 인상이 경제 활성화에 도움이 될 수 있다는 새로운 주장이 빠르게 확산되고 있다.

근로자가 가난한데도
경제가 살아날 수 있을까?

현재 우리나라 경제의 가장 큰 문제는 가계소득이 정체되고 미래가 불안해지면서 좀처럼 소비가 살아나지 않는다는 점이다. 그런데 이러한 상황에서 기업이 앞으로 닥칠 불황에 대비한다며 계속 임금을 동결한다면 어떻게 될까? 소비는 더욱 위축되고, 그 여파로 기업은 물건을 팔 소비자를 찾지 못해 경제는 더욱 심각한 불황에 빠지게 될 것이다.

물론 최저임금을 올리면 당장 영세 자영업자들은 어려움에 처할 수도 있다. 하지만 따지고 보면 그동안 우리나라는 경제 수준에 비해 비정규직의 임금이 턱없이 낮았기 때문에 어쩔 수 없이 영세 자영업자의 길을 택한 사람들이 많다. 이 때문에 우리나라의 자영업자 비중이 세계 최고 수준으로 높아져 포화 상태가 된 탓에 수익성이 크게 악화되어버린 것이다.

만일 임금이 우리 경제 수준에 걸맞게 올라간다면 이 같은 불균형이 자연스럽게 해소되면서 한계상황에 처해 있는 많은 영세업자가 임금 근로자로 흡수될 수 있을 것이다. 그리고 영세업자들의 수가 감소하면 과당 경쟁Over-competition이 해소되어 남은 업체들의 수익성이 개선되는 것도 기대할 수 있다. 특히 최저임금 근로자들의 소득이 늘어 소비가 늘어나는 현상과 맞물린다면 그 효과는 더욱 커질 것이다.

최저임금을 얼마나 올려야 하는지에 대한 명확한 정답은 없다. 하지만 경제단체들도 무조건 임금 동결만을 외치기에 앞서 미국과 독일, 일본, 중국 등 우리의 경쟁국들이 극심한 경제 불황 속에서도 왜 이렇게 앞다투어 최저임금을 올리고 있는지 그 이유를 면밀히 검토해볼 필요가 있다. 전 세계를 휩쓸고 있는 임금 인상 열풍 속에서 우리 기업들만 '왕따'를 자처하다가 자칫 경기 회복의 대열에서도 '왕따'를 당할까 우려된다.

'부자의 돈'은
아래로 흐르지 않는다

그동안 우리 경제를 지배하다시피 한 경제 기조는 '낙수효과Trickle-down'였다. 재벌과 고소득층에게 더 많은 돈을 벌 수 있게 해주면 그 돈이 물처럼 흘러내려가 서민과 저소득층도 잘살게 된다는 주장이다. 정부와 경제단체들은 이 낙수효과 이론을 재벌과 부유층에 더 많은 돈을 몰아주는 경제 정책을 정당화하는 중요한 근거로 사용해왔다.

그런데 이 주장을 정면으로 뒤집는 중요한 연구 결과가 신자유주의의 첨병 역할을 해왔던 IMF에서 나왔다.[1] IMF가 1980년부터 2012년까지 전 세계 159개국의 방대한 자료를 분석한 결과, 소득 상위 20%의 소득이 1%p 늘어나면 경제성장률이 0.08%나 줄어드는 것으로 나타난 것이다. 이에 비해 소득 하위 20%의 소득이 1%p

늘어나면 5년 동안 경제성장률을 0.38%나 끌어올리는 것으로 나타났다.

결국 부자들의 소득이 늘어나면 낙수효과에 의해 가난한 사람들의 소득도 늘어나는 것이 아니라 오히려 경제성장률이 추락했고, 저소득층의 소득이 늘어날 때 경제성장이 더욱 가속화되는 것으로 나타난 것이다. 그렇다면 정부나 재벌이 그토록 힘주어 외쳐왔던 '낙수효과의 기적'은 도대체 어디로 사라진 것일까?

왜 러시아 농부는
옆집 소를 죽여달라고 했을까?

러시아에 한 가난한 농부가 살고 있었다.[12] 그 농부는 옆집에 사는 부자 이웃을 항상 부러워했다. 어느 날 부자 농부가 소 한 마리를 사오자, 소를 살 수 없었던 가난한 농부는 그 옆집 농부가 부러워 죽을 지경이었다. 가난한 농부는 매일 자신의 소원을 들어달라며 간절히 기도하기 시작했고, 오랜 기도 끝에 하나님이 나타나 정성이 갸륵하다며 무슨 소원이든 한 가지 소원을 들어주겠다고 했다. 그러자 그 가난한 농부는 이렇게 소원을 빌었다.

"저 옆집에 사는 부자 농부의 소를 죽여주세요."

러시아에서 오래전부터 전해 내려오는 이야기다. 자신이 부자가 될 수 있는 기회를 버리고 옆집 소를 죽여달라고 하는 다소 어이없는 결말이지만, 인간은 이처럼 어처구니없는 결정을 내리기도 한다. 그러나 낙수효과를 믿는 사람들은 이 같은 인간의 본성을 철저히 무시하고 있다. 즉, 소수의 부자들이 경제성장의 과실을 독차지하더라도 서민들은 철저하게 자신의 이익만 따지기 때문에 자신에게 조금이라도 이익이 돌아온다면 주어진 임금만 바라보며 열심히 일할 것이라고 '간주'하는 것이다.

그러나 인간은 자신이 큰 손해를 보게 되더라도 공정함을 추구하는 경향이 있다. 이에 관한 가장 유명하고 중요한 실험이 바로 '최후통첩 게임Ultimatum Game'이다.

'최후통첩 게임'을 하기 위해서는 먼저 실험에 참가한 두 사람을 제안자와 응답자로 나눈다. 그 다음 '제안자'에게 1만 원을 주고 이 돈을 어떻게 나눌지 응답자에게 제안하도록 한다. 그러면 '응답자'는 이 제안을 받아들일지 말지를 결정한다. 응답자가 제안을 받아들이면 두 사람이 돈을 나눠 갖지만, 응답자가 거절하면 아무도 돈을 받지 못하고 게임이 끝난다.

예를 들어, 제안자가 1만 원 중 자신이 7,000원을 갖고 응답자에게 3,000원을 받을지 묻는다. 만일 응답자가 받아들인다면 두 사람은 각각 7,000원과 3,000원을 갖고 게임은 끝난다. 그러나 응답자가 거절하면 제안자와 응답자 모두 돈을 갖지 못한다.

모든 사람이 철저하게 자신의 이익만 추구한다는 경제학의 가정 대로라면, 실험에 참가한 모든 제안자는 자신이 가질 수 있는 최대 이익을 제안하고 응답자는 아주 소액이라도 돈을 받는 것을 택해야 한다. 즉, 제안자가 9,999원을 갖고 응답자에게는 단돈 1원을 제안 하더라도 응답자는 공짜로 1원의 이익이 생기는 것이므로 당연히 이를 받아들인다는 이야기다. 일반 상식으로는 결코 납득할 수 없 는 어이없는 결과지만, 이것이 낙수효과를 믿는 사람들이 가정하고 있는 '합리적인 인간'의 결정이다.

그러나 직접 실험을 해봤더니 실제 인간의 행동은 낙수효과를 맹 신하는 사람들의 가정과는 너무나 달랐다. 문화와 가치관의 차이로 인해 실험이 이루어진 나라마다 결과는 조금씩 다르게 나타났지만, 일반적으로 제안자는 응답자에게 4,000원에서 5,000원 사이를 제 시하는 경우가 많았고, 3,000원 미만을 제시하면 대부분의 응답자 들은 자신도 돈을 한 푼도 받지 못하는데도 불구하고 제안을 거부 했다. 공정하지 않다고 생각하면 자신이 손해를 보더라도 제안자를 응징하는 것이다. 1982년 독일의 사회학자 베르너 거스Wermer Guth가 고안한 이 최후통첩 게임은 지난 20년 동안 여러 연구자들의 반복 적인 실험으로 확인됐다.

공정함을 추구하는 인간,
이를 부정한 낙수효과

호주의 경제학자 리사 캐머런Lisa Cameron은 인도네시아 사람을 대상으로 매우 큰 액수의 최후통첩 게임을 실시했다.[13] 당시 인도네시아에서 서민들의 1개월 치 월급에 해당하는 20만 루피아를 제안자와 응답자가 나누어 가지도록 한 것이다. 그 결과 제안자들은 평균적으로 42%인 8만 루피아 정도를 응답자에게 제시했고, 응답자들은 대부분 이를 받아들였다. 그러나 제안자가 응답자에게 25% 미만을 제시한 경우에는 거의 모든 제안이 거부됐다. 25%라도 5만 루피아나 되기 때문에 인도네시아인의 1주일 치 봉급에 해당하는 큰돈임에도 불구하고, 응답자들은 불공정한 수준의 제안을 단호히 거부한 것이다.

낙수효과를 주장하는 사람들은 인간이 공정함을 전혀 추구하지 않고 눈앞의 자기 이익만 따지는 이기적인 존재로 간주한다. 극소수의 부자들이 과도한 몫을 챙겨가도 이에 아랑곳하지 않고 떨어지는 낙수에 감사하며 자기 일만 한다는 비현실적인 가정을 해야만 낙수효과를 설명할 수 있기 때문이다.

하지만 실제 인간은 정당한 몫을 받지 못하면 일에 대한 의욕을 잃고 최선을 다할 수 없게 된다. 더구나 아무리 노력해도 더 나아질 것이라는 희망조차 사라지면 결국은 자포자기에 빠져 아예 일하는 것조차 포기하게 된다. 여기에 부당함에 대한 분노가 걷잡을 수 없이 커지면 결국 옆집 소를 죽여달라는 소원을 비는 러시아 농부처럼 공멸의 길을 선택하기도 한다.

실제로 '옆집 소를 죽이는 현상'이 얼마나 경제성장에 치명적인지에 대한 경제학적 연구는 셀 수 없을 만큼 많다. 그 중에서도 뉴욕 대학의 벤하빕Jess Benhabib 교수[14]나 샌디에이고 주립대학의 굽타Dipak Gupta 교수[15], 하버드 대학의 알레시나Alberto Alesina 교수[16] 등은 부의 불균형이 심화되면 가난한 사람들이 매우 파괴적인 행위를 할 가능성이 커지고, 경제 시스템 전체의 불안정성이 심화되어 투자가 급감하고 경제성장률이 떨어진다고 경고했다.

부자는 돈을 쓰지 않는다.
다만 쌓아둘 뿐이다

낙수효과가 작동하지 않는 또 다른 원인은 부의 편중이 자본주의 경제의 가장 중요한 버팀목인 '소비 기반'을 무너뜨리고 있기 때문이다. 김낙년 동국대 교수의 연구 결과, 우리나라에서 상위 10%의 소득이 전체 소득에서 차지하는 비중이 무려 46%에 이르는 것으로 나타났다. 이는 미국의 48%보다는 낮지만, 일본의 41%나 프랑스의 33%보다 훨씬 높은 수준이다. 더 심각한 문제는 한국의 고도 성장기였던 1979년부터 1995년까지 상위 10%의 소득 비중은 30% 정도에 머물렀지만, 시간이 갈수록 급속도로 높아지고 있는 것이다.

그런데 2013년을 기준으로 우리나라 사람들은 소득의 73%를 소비에 쓰고 있는 반면, 소득 상위 10%는 고작 58%만 소비에 쓰고 있는 것으로 나타났다. 지금처럼 소비 부진이 경제를 짓누르고 있는 상황에서 부유층이 차지하는 몫이 이렇게 급속도로 불어나면, 경제 전체적으로 소비가 줄어들어 투자가 감소하고 일자리가 사라지는 악순환이 시작될 수밖에 없다. 우리나라의 경제성장 속도가 둔화된 시기와 부의 집중이 심화된 시기가 일치하는 것은 바로 이 때문일 가능성이 크다.

이런 상황에서 아직도 낙수효과를 고집하면서 돈을 계속 부유층에만 몰아주는 정책을 고수하면 어떻게 될까? 당장 먹고 살 돈이 없는 서민층은 빚을 내서라도 소비를 유지하려고 하기 때문에 가계 부채는 더욱 빠르게 늘어날 것이다. 그리고 이렇게 빚으로 간신히 유지되는 경제는 아주 작은 충격에도 쉽게 무너지는 위태로운 상태가 될 수밖에 없다.

미국의 대공황 시대였던 1934년, 미 연방준비제도이사회 의장에 취임했던 매리너 에클스Marriner Eccles는 이 같은 상황을 포커판에 비유했다. 포커판에서 계속 한 명만 돈을 따서 판돈을 모두 독식하면 더 이상 게임을 유지할 수 없는 극단적인 상황에 이른다. 이러한 상황에서 유일한 승자가 게임을 계속하려고 돈을 잃은 사람에게 돈을 빌려주기로 한다. 이렇게 게임이 진행되면 당장은 빌린 돈 때문에 판돈이 훨씬 더 커진 것처럼 보이겠지만, 사실은 모두 빌린 돈으로 유지되는 허상에 불과하다.

그런데 아무리 더 많은 돈을 빌려주어도 한 사람만 돈을 따는 상황이 끝없이 계속되면 포커판은 결국 깨지게 된다. 에클스는 바로 이 빚으로 유지되던 위태로운 포커판이 멈추면서 세계 대공황이 엄습했다고 비유적으로 설명했다.

에클스의 비유처럼 아무리 빚으로 틀어막는다고 해도 극소수의 부자들만 돈을 따는 시스템이 계속되고 정부가 이 같은 불균형을 오히려 더 강화하는 정책까지 쓴다면 그 경제는 결코 지속 가능할 수가 없다. 포커판이 멈추면 일반 국민들은 물론 그나마 돈을 따왔던 소수의 부유층들도 손해를 피하기 어려울 것이다. 그러므로 모두가 패자가 되는 것을 막기 위해서라도 우리의 모든 지혜를 모아 몰락으로 향하는 '게임의 룰'을 바꿔야 한다. 그것이 IMF가 우리에게 보낸 경고의 메시지다.

04

그리스를 무너뜨린 부패,
과연 한국은 다른가?

2015년 한 해 동안 한국개발연구원KDI과 한국은행, IMF, OECD 등 유수의 경제연구소는 우리나라 경제성장률 전망치를 새로 발표할 때마다 끊임없이 하향 조정을 해야 했다. 우리나라에 대한 성장률 전망이 지속적으로 낮아졌던 것은 지난 2014년에도 마찬가지였다. 성장 동력이 하도 빠르게 식어가다 보니 거듭 예측이 빗나가고 있는 것이다.

이처럼 상황이 계속 악화되자, 우리나라가 성장을 멈추고 남유럽처럼 쇠퇴의 길을 걷게 될 것이라는 우려 섞인 전망까지 나오고 있다. 우리가 경제 위기로 흔들리고 있는 그리스를 비롯한 남유럽의 전철前轍을 밟지 않으려면, 그들이 왜 위기에 빠졌는지 철저히 연구할 필요가 있다. 과연 우리는 10년 뒤에 그리스 경제처럼 끝없이 추락하지 않을 자신이 있는가?

그리스인들은 결코
나태해서 망한 것이 아니다

그리스는 가까스로 구제금융 협상에 합의했지만, 최악의 불황에서 벗어나지 못하고 있다. 이처럼 그리스가 위기를 쉽게 극복하지 못하자 일부 언론들은 과도한 복지나 국민들의 게으름 때문에 그리스에 위기가 찾아왔다고 몰고 가는 경우가 있다. 하지만 그리스 국민들이 나태해서 무너졌다는 것은 그리스 경제 위기 이후에 생긴 편견에 불과하다.

그리스인들의 한 해 평균 근로시간은 유럽 국가 중에 유일하게 2,000시간을 넘어, OECD 1위인 멕시코와 2위인 한국에 이어 3위를 차지하는 나라다. 부지런하다고 알려진 독일인들의 근로시간인 1,400여 시간보다 무려 50% 가까이 더 오래 일하고 있다. 물가에 비해 시간당 임금이 낮은 편이기 때문에 근로시간을 늘려 이를 메우고 있는 것이다.

그리스인들이 58세에 조기 은퇴를 하고 놀러 다닌다는 신화神話도 일부 언론들에 의해 과장된 이야기다. 58세에 조기 은퇴를 신청하는 제도가 있기는 하지만 노후 준비가 잘 되어 있는 일부 부유층과 공무원들이 선택하는 제도일 뿐, 가난에 허덕이는 대다수의 그리스 국민들에게는 실로 꿈같은 이야기다. 실제로 OECD 자료를 보면 2009년 당시 그리스의 평균 은퇴 연령은 62.4세로, 독일의 62.1세보다 더 오래 일하고 있는 것으로 나타났다.

그리스가 과도한 복지 때문에 국가 부도 위기에 빠졌다고 단언하기도 어렵다. 글로벌 금융 위기 직전인 2007년 그리스의 GDP 대비 복지 지출 비중은 21%에 불과해, 28%에 이르는 독일이나 스웨덴 같은 복지국가의 수준은커녕 OECD 회원국 평균에도 미치지 못했다.

그렇다면 독일인보다도 낮은 복지 수준에서 더 많이 더 오래 일하는 그리스인들은 왜 경제 위기까지 겪게 된 것일까? 여러 가지 이유가 복합되어 있지만, 그 중 하나는 바로 그리스의 수영장에서 찾을 수 있다.

그리스가 망한 이유,
수영장에 물어라!

수영과 일광욕을 유달리 좋아하는 그리스인들에게 집 앞마당에 있는 수영장은 동경의 대상이다. 그래서 돈을 모으면 가장 먼저 만들고 싶어하는 것이 바로 수영장이다.

그런데 그리스에서 자신의 집에 개인 수영장을 갖고 있으면 한해 500유로, 우리 돈으로 60만 원이 넘는 세금을 내야 한다. 2008

년 그리스의 수도 아테네 북쪽에 있는 가장 부유한 지역인 에칼리Ekali 교외에서 자신의 집에 수영장이 있다고 신고한 사람은 모두 324명에 불과했기 때문에 탈세 의혹이 끊이지 않았다.

그런데 글로벌 금융 위기 이후 그리스가 재정 적자에 시달리기 시작하자, 한 공무원이 세수 확충을 위해 번뜩이는 아이디어를 내놓았다. 바로 구글 어스Google Earth의 위성사진을 이용해 수영장으로 보이는 파란색 사각형을 전부 세어보기로 한 것이다. 그 결과 놀랍게도 그리스 세무 당국은 16,974개의 수영장을 찾을 수 있었다.[17] 그동안 에칼리 인근에 집을 가지고 있는 그리스 부유층의 대부분이 탈세를 해왔던 것이다.

극심한 경제 위기로 재정난에 시달리던 그리스 세무 당국이 구글 어스로 수영장을 찾아내 세금을 물리기 시작하자, 이번에는 그리스 부자들이 꼼수를 쓰기 시작했다. 잔디 색깔이나 콘크리트 색깔의 방수막으로 수영장을 가려 위성이나 항공사진으로 수영장을 찾아내지 못하도록 꼭꼭 숨긴 것이다. 그리스가 국가 부도 위기에 처했는데도 그리스 부자들은 여전히 탈세에만 몰두했다.

그리스에서는 단지 수영장뿐만 아니라 모든 분야에서 세금을 제대로 내면 바보로 여길 만큼 탈세가 만연해 있다. 아테네 인근에 있는 콜로나키Kolonaki 시에서는 환자들에게 영수증을 떼어주는 의사가 단 한 명도 없었다. 심지어 그들 중 일부는 한 해 소득이 3,000유로, 우리 돈으로 400만 원에 불과하다고 신고했다.

이러한 결과에 대해 거센 비난 여론이 쏟아지자, 그리스 정부는 조세 포탈을 해온 의사 68명을 고발했다. 하지만 그리스 언론들은 이 같은 조치가 성난 국민을 달래려는 정치적 쇼에 불과하다며, 뇌물만 탐내는 부패한 세무 당국이 부유층의 탈세를 바로 잡으려는 의지가 없다고 거세게 비판했다.

《월스트리트 저널》은 그리스의 금융 위기를 대표하는 단어로 '파켈라키Fakelaki'를 들었다.[18] 파켈라키는 '작은 봉투'를 뜻하는 그리스어로, 세무서나 각종 인·허가 담당 공무원에게 주는 뇌물을 뜻한다. 그리스에서는 세금을 떼먹기 위해서, 또는 돈을 빌리거나 교수 임용 청탁 등 모든 부탁이나 청탁을 할 때 무조건 돈 봉투를 건네는 것이 아예 관행으로 굳어져 있을 만큼 부정부패가 만연해 있다.

부패는 경제의 윤활유가 아니라 걸림돌이다

국제투명성기구Transparency International는 뇌물이 일상화된 그리스에서 2009년 한 해 동안 9억 유로가 뇌물로 오고 갔다고 집계했다. 한 가구가 한 해 평균 1,500유로, 우리 돈으로 200만 원을 뇌물로 썼다고 한다. 이 때문에 국제투명성기구는 그리스 부유층의 탈세와 부정부패가 그리스를 위기로 몰아넣은 가장 큰 원인 중 하나라고 지적하고 있다.

미국을 대표하는 싱크탱크 중 하나인 브루킹스 연구소Brookings Institution도 그리스 국내총생산의 최소 8%인 200억 유로(약 24조 원)가 탈세와 부패로 사라지고 있다고 분석했다. 그리고 그리스가 스웨덴만큼 투명했다면 2000년 이후 10년 동안 국가재정에서 흑자를 낼 수 있었을 것이라고 결론을 내렸다.

문제는 우리나라 또한 부패 문제가 경제의 발목을 잡을 만큼 심각한 수준이라는 점이다. 2014년 우리나라의 부패한 정도를 나타내는 부패인식지수는 100점 만점에 55점에 불과해, OECD 34개 회원국 중 27위로 최하위권을 차지하고 있다. 더구나 우리나라의 부패인식지수는 2008년 56점으로 최고점을 기록한 이후 7년 동안 계속 뒷걸음질만 치고 있다.

같은 유럽 국가라도 부패인식지수가 90점에 육박하는 노르웨이나 스웨덴의 경제성장률이 상대적으로 높은 수준을 유지해온 반면, 이탈리아나 그리스처럼 40점대에 불과한 나라들의 경제성장률은 매우 저조한 편이다. 실제로 부패인식지수가 10점 떨어지면 경제성장률이 1%p가량 낮아진다는 연구 결과들도 나와 있다. 지금처럼 각종 부패가 난무하는 현실을 그대로 묵과한다면, 우리 국민들이 아무리 근면하다고 해도 그리스처럼 만성적인 경제 침체에 빠지는 것을 막기가 쉽지 않을 것이다.

무엇이 우리의 미래를
좌우할 요소인가?

물론 그리스가 위기에 빠진 가장 직접적인 원인은 유로화를 채택했기 때문이다. 하지만 독일처럼 유로화 채택을 번영의 기회로 삼은 나라도 있기 때문에 단순히 유로화 탓만 할 수는 없다.

유로화 채택이 기회가 되었던 독일과 달리, 그리스에 오히려 위기의 단초가 된 가장 큰 이유 중 하나는 바로 최악의 부정부패 때문이라고 할 수 있다. 그 결과, 그리스 국민들은 아무리 노력해도 그대가를 받기는커녕 극심한 경제난에 허덕이게 되었고, 헤픈 복지에 빠진 나태한 국민이라는 오명까지 쓰게 된 것이다.

과연 우리 경제는 그리스와는 다른 길을 갈 것이라고 장담할 수 있는가? 10년 뒤 뼈아픈 후회를 하기 전에 우리 경제의 발목을 잡고 있는 부정부패를 척결하고 선진국 수준의 투명한 시스템을 갖출 수 있도록 제대로 방향타를 잡아야 할 것이다. 그리스처럼 벼랑 끝에서 떨어졌다가 다시 올라오는 것은 지금의 위치를 지키는 것보다 몇 배는 더 힘들고 고통스럽기 때문이다.

05
무너진 그리스는
과연 '복지 천국'이었나?

그리스 경제는 정말 '과잉 복지' 때문에 무너졌을까? 과잉 복지가 그리스 위기의 주된 원인이라고 주장하는 사람들은 그리스가 그동안 과도한 복지 정책을 남발해 국가재정이 악화되었다고 말한다. 과도한 복지에 중독된 그리스인들이 나태해져서 생산성이 떨어졌고, 이 때문에 국가 경쟁력을 잃었다는 것이다.

그런데 그리스가 대중 인기 영합주의에 빠져 '과잉 복지'를 했다고 보기에는 맞지 않는 통계들이 너무나 많다. 그 중 하나가 바로 그리스의 빈부 격차를 나타내는 지니계수다. OECD 자료를 보면, 글로벌 금융 위기 직전이었던 2007년 그리스의 지니계수는 0.34였다. 이는 0.26 안팎인 유럽의 복지국가들은 물론, 우리나라의 0.31보다도 높아 빈부 격차가 훨씬 큰 것으로 나타났다.

그리스 정부가 그동안 대중 인기 영합주의로 서민들을 위해 복지 정책을 남발했다는 주장이 사실이라면, 이렇게 빈부 격차가 벌어진 것이 쉽게 설명이 되지 않는다. 더구나 이렇게 빈부 격차가 큰 상황에서 그리스의 서민들이 과도한 복지에 취해 나태해졌다고 말하기는 더욱 어렵다. 그렇다면 그리스 복지의 진짜 문제는 무엇일까?

연금 소득대체율 95%, 그런데 왜 노인 빈곤율은 높을까?

그리스의 대표적인 과잉 복지 사례로 꼽히는 것이 연금이다. 그리스인들의 연금은 소득대체율이 95%로, 직장을 다닐 때 받았던 평균 연봉과 거의 같은 수준의 연금을 받고 있다는 것이다. 만일 그리스인들이 정말 이 정도의 연금을 받고 있다면 그리스의 노인들은 누구나 부유하고 풍요로운 삶을 살아야 한다.

그러나 OECD 통계는 그러한 기대와는 정반대의 결과를 보여준다. 2011년 그리스의 노인 빈곤율은 무려 23%로 매우 높은 수준을 기록했다. 대표적인 복지국가인 스웨덴의 6%는 물론, 미국의 10%나 터키의 15%보다 훨씬 높았다. 과도한 노인 연금을 지급하다가 국가 부도 사태를 맞았다는 그리스에서 노인 빈곤이라니 도대체 어떻게 된 것일까?

그리스에서 소득대체율 95%를 자랑하는 연금을 받을 수 있는 집단은 주로 선거에서 표를 거래할 수 있는 힘을 가지고 있는 공무원과 법조인, 교원 등이다. 그러나 이처럼 '좋은 직장'을 갖지 못하고 시간제 계약직 일자리를 전전하다 은퇴한 수많은 서민은 후한 연금 혜택에서 철저하게 소외되어왔다.

공무원이나 교원 연금의 소득대체율이 높다고 우리나라를 '복지 천국'이라고 부르기 어려운 것처럼, 전체도 아닌 일부 계층의 연금이 후하다고 그리스를 '복지 천국'이라고 몰아붙이는 것은 타당하다고 보기 어렵다. 더구나 그리스의 후한 연금은 상대적으로 부유한 중산층 이상의 그리스인들에게 국가재정을 몰아준 것으로, 정작 서민들은 복지 혜택에서 소외되어 있었다.

과잉 복지?
78만 원 세대의 그리스 청년들

연금에서 소외된 서민들이 많기는 하지만, 일단 그리스에서 연금을 받는 은퇴세대는 그래도 살 만한 편이다. 그런데 이처럼 후한 노후 연금을 위해 막대한 재정을 과도하게 쏟아붓는 바람에 정작 다른 복지 혜택은 타 유럽 국가들과 비교할 수 없을 정도로 형편없다. 특히 청년과 아동을 위한 복지는 없는 것이나 다름이 없다.

우리나라에 '88만 원 세대'가 있는 것처럼 그리스 청년들은 '580 유로 세대'로 불린다. 이는 우리 돈으로 고작 78만 원에 불과하다.

더구나 그리스의 최저임금은 시간당 3.5유로(약 4,700원)로, 유럽 국가는커녕 2016년 우리나라의 최저임금인 6,030원보다 훨씬 낮은 수준이다. 이런 최저임금으로 물가가 만만치 않은 그리스에서 살아간다는 것은 너무나 고통스러운 일이 아닐 수 없다.

그래도 최저임금이라도 받는 일자리를 구한 청년들은 그나마 행복한 경우다. 2015년 현재 그리스의 청년 실업률은 50%가 넘어 청년 두 명 중 한 명이 실업 상태에 있다. 경제 위기가 시작되기 전인 2008년에도 그리스의 청년 실업률은 유럽에서 가장 높은 편에 속했다. 그런데도 청년 실업자를 위한 복지는 이탈리아와 함께 유럽에서 최하위 수준으로, 일자리를 잃은 청년들을 위한 실업부조나 실업급여는 거의 없는 것이나 다름이 없다.

이처럼 복지 혜택에서 소외된 그리스 청년들이 생계조차 유지하기 어려운 상황에 내몰리면서 전체 청년의 64%가 부모에게 얹혀 살고 있다. 그나마 유일한 복지 혜택인 연금을 받는 부모세대에 청년들까지 의존하기 시작한 것이다. 이보다 형편이 조금이라도 나은 청년들은 일자리를 찾아 고국을 버리고 해외로 탈출하고 있다.

아동의 절반이 굶주리는
가짜 '복지 천국'

유니세프는 2013년 그리스의 아동 빈곤율이 무려 41%나 된다고 밝했다. 절반에 가까운 아동이 빈곤선 아래에서 살고 있다는 이야기다. 아동 빈곤율은 경제 위기가 시작되기 직전인 2008년에도 무려 23.0%를 기록해 노르웨이 9.6%는 물론 한국의 16.8%보다도 높았다. 그리스의 아동 복지 예산이 유럽 국가 중에서 가장 낮은 편이기 때문이다.

그리스의 처참한 아동 복지 상황은 '무상복지 천국'과 너무나 거리가 멀다. 그리스에서 학생들에게 제공되는 복지는 그나마 대학 등록금이 무료라는 점이다. 하지만 인구 대비 대학 정원이 유럽 최하위 수준인 그리스에서는 이 또한 소수를 위한 복지에 불과하다.

그리스 복지의 가장 큰 문제점은 소수의 특권층이나 중산층 이상의 부유한 계층이 오히려 더 많은 몫의 복지 혜택을 챙겨왔다는 데 있다. 그리스 복지는 표를 거래할 수 있는 힘을 가진 집단이 더 많은 혜택을 누렸던 '부패한 복지'였던 셈이다. 이 과정에서 정작 복지 혜택이 가장 필요한 빈곤층은 복지 사각지대에 빠지고 말았다. 게다가 그리스의 미래를 책임질 청년들에 대한 복지 투자는 완전히 외면당하고 있었던 것이다. 결국 기득권이 독점하고 있는 그리스의 왜곡된 복지 체계는 국가 차원의 거대한 부패나 다름이 없다.

그리스에서는 어느 정당이든 정권을 잡으면 그 복지 혜택을 독점하기 위한 부패의 카르텔을 만드는 데 혈안이 되어 있다. 콘스탄티노스 카라만리스Konstantinos Karamanlis 정권은 2009년 총선 직전, 절체절명의 국가적 위기 속에서 무려 1만 개가 넘는 공직을 만들어 자신의 사촌은 물론 사돈의 팔촌까지 친인척과 측근에게 그 자리를 분배하는 황당한 부패를 저지르기도 했다. 온갖 복지 혜택을 누릴 수 있는 '공직'이 정권의 전리품으로 전락하고 만 것이다.

그리스의 미래는
부패 극복에 달려 있다

우리는 너무나 쉽게 그리스 위기의 원인을 게으른 국민성 탓으로 돌린다. 물론 부패의 카르텔에 속해 자리를 얻은 공직자들은 그럴지도 모른다. 하지만 연금은커녕 당장 먹고 살기조차 힘든 대다수 서민들은 복지 사각지대에서 낮은 임금을 메우기 위해 말 그대로 뼈 빠지게 일하고 있다.

이에 대해 그리스인들이 놀면서 근로시간만 채울 뿐 실제로는 열심히 일하지는 않는다는 근거 없는 주장을 하는 사람들이 있다. 그러나 미국의 대표적인 경제조사기관인 컨퍼런스 보드가 발표한 2014년 그리스인들의 시간당 노동생산성은 32달러 80센트로 서유럽 국가들보다는 낮았지만, 한국의 32달러 30센트보다는 높았다.

그리스인들이 오랫동안 열심히 일을 한다 해도 시스템이 부패하면 아무런 소용이 없다. 아무리 노력해도 성공할 수 없고, 심지어 복지 혜택은 가진 자인 특권층과 결탁한 공직자들이 독점하는 부패한 시스템에서는 결국 누구나 자포자기 상태에 빠질 수밖에 없다.

최선을 다해 노력한 사람보다 권력층의 사돈의 팔촌이라는 이유만
으로 더 좋은 자리를 꿰차는 부패한 정치 시스템과 부패한 복지제
도를 개혁하지 않는 한, 그리스의 위기는 결코 끝나지 않을 것이다.

복지는 분배가 아닌, 성장의 열쇠다

"
언제까지 청년 복지를
포퓰리즘이라고 매도할 것인가?
미래에 대한 투자를 포기한 나라에서
승자는 아무도 없었다.
"

01

불황 속 영국에
30조 원을 안겨준 '비밀병기'

불황으로 대량 실업이 일어날 때 '실업급여'는 경제를 지키는 중요한 파수꾼이 된다. 그런데 우리나라는 실업급여가 제 기능을 못 하고 있을 뿐만 아니라, 그 중요성에 대한 인식도 약해 재정 안정성이 급속히 악화되어가고 있는데도 그대로 방치하고 있다.

　실업을 당한 근로자들이 실직 이후 5년 동안 받을 수 있는 실업급여는 2009년 기준으로 평소 임금의 6%로, OECD 회원국 평균인 28%의 4분의 1도 되지 않아 단연 꼴찌를 차지하고 있다. 우리 근로자들은 고용보험료를 꼬박꼬박 내고도 정작 유사시 제대로 된 실업보장은 받지 못하고 있는 셈이다.

　더구나 우리나라에는 다른 선진국들과 달리 청년 실업자를 구제하는 데 중요한 역할을 하는 '실업부조제도'가 아예 존재하지 않는다. '실업부조'는 고용보험의 혜택을 볼 수 없는 청년 실업자들이 생계를 유지하면서 생산성을 끌어올려 보다 나은 직장에 취직할 수 있도록 돕는 중요한 사회안전망이다. 또한 기초연금을 도입한 OECD 국가들 중 상당수가 채택하고 있는 '아동수당'도 없다. 우리나라에서는 미래를 지키는 소중한 버팀목인 청년과 아동이 사회안전망에서 철저하게 배제되어온 것이다.

우리나라는 청년과 아동에게 사회안전망을 제공하면 나태해져서 노동력을 제공하지 않을 것이라는 잘못된 통념이 굳게 자리 잡고 있다. 그리고 이 같은 오판 때문에 불황에 대처하는 가장 강력한 무기인 사회안전망을 허투루 여기는 우^愚를 범하고 있다. 실제로 인간의 심리를 바탕으로 잘 설계한 사회안전망은 단순한 비용이 아니라, 최악의 경제 불황 속에서 국가 경제를 지키는 든든한 버팀목이며 가장 유효한 성장 동력이다. 특히 청년과 아동을 위한 사회안전망은 국가의 미래를 위한 가장 강력하고 효과적인 투자다.

단돈 12만 원이 안겨준
30조 원의 경제 기적

『해리 포터Harry Potter』 시리즈의 저자 조앤 롤링Joanne Rowling은 스물여덟 살의 나이에 폭력을 일삼던 남편과 이혼을 하고, 갓 태어난 어린 딸과 함께 스코틀랜드의 에든버러에 사는 동생을 찾아간다. 완전히 무일푼이었던 롤링은 그곳에서 친구에게 돈을 빌려 간신히 초라한 공공임대 아파트를 얻을 수 있었다. 하지만 어린 딸을 키워야 했던 롤링이 일자리를 얻기란 쉬운 일이 아니었다. 결국 영국 정부가 일주일에 70파운드, 우리 돈으로 12만 원씩 주는 생활 보조금으로 생계를 이어갔다.

이 같은 사회안전망의 도움으로 최소한의 생계를 유지할 수 있게 되자, 롤링은 교사 자격증에 도전하면서 동시에 소설가의 꿈을 키워나갔다. 그리고 롤링은 난방비를 아끼기 위해 유모차를 끌고 나와 집 근처 카페인 '엘리펀트 하우스Elephant House'에서 온종일 앉아 그 유명한 『해리 포터』를 쓰기 시작했다.

1995년 롤링은 『해리 포터』 1권을 완성해 대형 출판사 열두 곳에 원고를 보냈지만, 모두 거절당했다. 이렇게 실패로 끝나는 줄 알았던 『해리 포터』에 마법 같은 기적이 일어났다. 1997년 미국의 대형 아동 서적 전문 출판사인 '스콜라스틱Scholastic'이 찾아와, 『해리 포터와 마법사의 돌』이라는 제목으로 미국판 출판 계약을 하고 10만 달러의 거금을 계약금으로 내놓은 것이다. 이후, 본격적인 입소문이 나기 시작하면서 『해리 포터』는 전 세계적인 인기를 누리기 시작했다. 그 결과, 『해리 포터』는 영화와 뮤지컬, 음악, 게임까지 모든 장르를 넘나들면서 무려 30조 원이라는 천문학적인 매출을 올렸다. 또한 조앤 롤링 자신도 1조 원이 넘는 돈을 벌어, 2010년 《포브스》가 발표한 세계 여성 부자 순위 14위에 올랐다.

그런데 2010년 영국 정부가 사회안전망을 대폭 축소하려 하자, 롤링은 영국의 일간지 《더 타임스》에 '싱글맘의 선언'이라는 제목의 칼럼을 실었다. 그녀는 자신의 기적 같은 인생 역전이 사회안전망 덕분이었다고 강조했다. 그리고 자신은 영국 복지제도의 고마움을 뼈저리게 느끼기에, 사회안전망을 확충하기 위해 증세를 하더라도 결코 조세 회피 지역으로 달아나지 않고 영국에서 성실하게 세금을 낼 것이라고 선언했다.[1]

이처럼 조앤 롤링이라는 엄청난 작가를 발굴하고 천문학적인 부를 안겨준 영국의 비밀 무기는 바로 실직자나 극빈자들이 최소한의 삶을 영위할 수 있도록 도왔던 영국의 사회보장제도였다. 가난한 이혼녀였던 롤링이 당장의 생계조차 유지할 수 없었다면, 젊은 나이에 모든 꿈을 포기하고 시간제 아르바이트로 하루하루 먹고 사는데 급급한 일생을 보냈을지 모른다. 결국 롤링에게 지급된 주당 12만 원의 생활 보조금은 단순한 비용이 아니라 영국에 막대한 부를 안겨준 가장 소중한 투자였던 것이다.

불황을 넘는 가장 강력한 엔진은 사회안전망이다

경제 불황이 시작되면 직장을 잃은 근로자들이 늘어나 소비가 줄어든다. 그 결과 기업은 투자를 줄이고 일자리가 더욱 줄어드는 악순환으로 불황이 장기화된다. 이때 사회안전망은 직장을 잃은 근로자들의 소비를 유지시키고 재취업을 도와 불황의 악순환을 깨는 중요한 역할을 한다. 이 때문에 촘촘하게 잘 짜인 사회안전망은 단지 그 혜택을 보는 사람만을 위한 것이 아니라, 경제 전체를 불황에서 지키는 중요한 버팀목이 된다.

이 같은 사회안전망의 역할을 바로 '경기 자동안정화 기능Automatic Stabilizer'이라고 한다. 경기 자동안정화 기능이라고 부르는 이유는 경기 불황이나 호황이 왔을 때 정부가 임의로 재정지출이나 세율을 변경하지 않더라도 자동으로 작동해 경기변동 폭을 줄여주기 때문이다.

그런데 국회예산정책처의 연구 결과, 1998년 외환 위기 당시 우리나라 사회안전망의 자동안정화 장치의 크기는 0.18에 불과했다.[2] 이는 잠재 GDP와 실질 GDP의 차이를 나타내는 GDP 갭Gap[3]이 1%p 줄어드는 충격이 왔을 때, 자동안정화 장치가 경제에 미치는 충격을 흡수하는 정도가 고작 0.18%p라는 이야기다. 이처럼 경기 불황에 대비한 한국의 사회안전망이 너무나 약한 상태였기에, 당시 외환 위기의 충격이 나라 경제 전체를 위태롭게 할 수밖에 없었다.

이에 반해 폴 반 덴 노르트Paul van den Noord가 1999년 OECD 국가들의 자동안정화 장치의 크기를 계산한 결과, OECD 평균이 무려 0.49로 나타났다.[4] 든든한 사회안전망이 경기 불황의 충격을 절반 정도로 완화하고 있다는 이야기다. 특히 덴마크는 0.85, 스웨덴은

0.79, 네덜란드는 0.76을 기록해, 웬만한 경기 불황이 와도 국가 경제가 큰 타격 없이 버틸 수 있도록 하는 든든한 비상 대비책이 되어주고 있다.

일단 불황이 닥치면 국가가 이 같은 경기 자동안정화 기능을 미리 갖추고 있느냐 아니냐에 따라 상황이 크게 달라진다. 자동안정화 기능이 빈약한 경우에는 결국 임의적인 경기 부양책에 전적으로 의존할 수밖에 없는데, 이것은 정부가 결정하고 집행하는 데 오랜 시간이 걸리기 때문에 심각한 시차 문제를 안고 있다. 따라서 결국 경기 불황이 본격화된 다음에야 시행되어 적절한 시기를 놓치는 경우가 많다.

또한, 사회안전망은 불황으로 직장을 잃거나 극빈층으로 추락해 돈이 절실하게 필요한 사람에게 정확하게 지출되기 때문에 바로 소비와 투자로 연결될 수 있는 데 반해, 일시적이고 인위적인 경기 부양책은 일반적으로 '업자'들에게 지출되고 전달 경로가 복잡하기 때문에 같은 효과를 내기 위해서는 훨씬 더 많은 돈이 들어가게 된다. 게다가 언제 중단될지 모르는 일시적인 경기 부양책은 안정적이지 않아, 가계가 이를 믿고 소비와 투자를 늘리기는 쉽지 않다.

부패한 국가는
인위적인 부양책을 선호한다

이처럼 사회안전망의 경기 부양 효과가 훨씬 강력하지만, 부패한 국가는 인위적인 건설 경기 부양책을 더 선호하기 마련이다. 자동화된 사회안전망과 달리, 인위적인 경기 부양책에는 힘 있는 정치인들이나 고위 관료들이 쉽게 개입할 수 있기 때문이다. 각종 사업을 벌여 지역구를 관리하려는 정치인이나 나랏돈으로 자신의 영향력을 확대하려는 고위 관료들은 자동안정화 장치를 마련하는 것보다 유사시 특정 업체나 지역 사업에 돈을 퍼주는 것을 훨씬 선호한다.

경제가 고도 성장기에 있을 때는 인위적인 경기 부양책이 아무리 비효율적이어도 그리 큰 문제가 되지는 않았다. 하지만 앞으로 성장률이 정체되는 시기가 오면, 경기 부양을 빌미로 소중한 국가 예산을 불요불급不要不急한 사업에 투자하거나 특정 업자에게 퍼주던 과거 방식으로는 큰 낭패를 볼 수 있다. 따라서 특정 이익집단에만 이득을 주는 비효율적인 경기 부양책을 과감히 솎아내고, 그렇게 확보한 예산을 '해리 포터'를 만들 수 있는 사회안전망에 투자해야 한다.

사회안전망은 '치료제'라기보다는 '예방접종'과 같은 성격이기 때문에, 일단 불황이 시작된 후에는 큰 효과를 보기 어렵다. 현재 우리를 위협하고 있는 '불황'이라는 무서운 바이러스가 우리 경제를 엄습하기 전에 하루빨리 '사회안전망 확충'이라는 예방접종을 해야 하는 이유가 바로 여기에 있다. 지금 당장 서둘러 우리 경제를 지킬 든든한 사회안전망을 확고히 구축해야 일본과 같은 장기 불황의 치명적인 바이러스를 이겨낼 수 있을 것이다.

'임금 없는 성장'은
어떻게 경제를 파괴하는가?

2015년 3월 경영자총협회는 올해 임금을 1.6% 범위 내에서 조정할 것을 회원 기업에 권고했다. 과도한 임금 인상은 경기 회복에 부정적인 영향을 미친다며 임금 상승을 억제한 것이다. 그러나 지금 우리나라의 실정은 그들이 주장하는 '과도한 임금 인상'과는 너무나 거리가 멀다.

금융연구원 자료를 보면 2007년 이후 5년 동안 우리나라의 실질 노동생산성은 9.8% 올랐는데, 실질임금은 오히려 2.3% 감소했다. 한마디로 생산성 증가로 인한 과실을 기업이 독차지하고도 모자라 근로자의 몫까지 챙긴 것이다. 이렇게 임금 인상을 억제한 덕분에 최근 5년 동안 기업의 가처분소득이 무려 80%나 늘었다.

2008년 글로벌 금융 위기 이후, 정부는 기업의 이윤이 늘어나면 투자가 증가하고 일자리도 더 늘어날 것이라며 기업의 몫을 늘려주는 데 정책적 여력을 집중해왔다. 그 결과 기업의 이윤은 천문학적으로 늘었지만, 기업은 돈을 쌓아둔 채 투자를 하지 않았고 경제성장은 점점 더 정체되어가고 있다. 도대체 무엇이 잘못된 것일까?

그동안 우리 정부와 대기업들이 간과했던 것은 바로 자신이 노력한 만큼 정당한 몫을 받을 수 있도록 하는 '공정한 분배 시스템'이었다. 자신이 노력해도 그에 대한 정당한 보상을 받지 못하는 구조에서는 누구도 최선을 다하려 하지 않기 때문이다. 공정한 분배 구조는 단순히 누가 이익을 보고 누가 손해를 보는가 하는 문제를 넘어 경제 전체의 파이를 키우는 가장 중요한 성장 동력이다.

분배 구조를 바꿔 파이를 키운
칭기즈칸의 지혜

칭기즈칸이 태어난 12세기의 몽골은 인구가 200만 명을 넘지 않는데다 부족별로 완전히 분열되어 있었던 약소국가였다. 그런데도 칭기즈칸은 그 작은 몽골 부족을 기반으로 주변국 2억여 명의 인구를 다스리는 강대한 제국을 만들었다. 그런데 그가 이렇게 강력한 제국의 지배자로 떠오른 배경에는 분배 시스템의 아주 작은 변화가 큰 역할을 했다.

당시 몽골 초원에서는 부를 축적하는 중요한 수단 중 하나가 바로 약탈이었다. 다른 부족과 싸워 양이나 말 같은 가축을 빼앗고 노예를 확보하는 것이 가장 중요한 경제활동의 하나였던 것이다. 그런데 당시 몽골에서는 전투에 참여한 소수의 귀족들만 약탈품을 차지할 권리가 있었고, 약탈품은 먼저 차지한 사람의 소유가 됐다.

전쟁 후의 이러한 약탈의 결과에 따라 귀족들의 부가 크게 바뀌었기 때문에, 몽골족은 일단 전쟁이 유리하게 흘러가면 적을 섬멸하기보다 약탈에 더 열을 올렸다. 그러다 보니 전쟁에 패한 부족은 물자를 그대로 두고 달아나면 남은 전력을 고스란히 유지할 수 있었고, 나중에 설욕을 위한 복수에 나설 수 있었다. 이처럼 적의 섬멸보다 약탈에만 집중하게 만드는 분배 구조는 약탈과 복수가 반복되는 악순환을 만들었고, 초원의 통일을 막는 가장 큰 원인이 됐다.

칭기즈칸은 이 같은 초원 부족들의 문제점을 꿰뚫어보고 분배의 규칙을 완전히 바꿨다. 전쟁이 완전히 끝났다고 선언할 때까지 개인적인 약탈을 전면 금지하고, 이를 어기면 자신의 가족이라도 큰 벌을 내렸다. 그리고 전쟁이 완전히 끝난 뒤, 약탈한 물건들을 한곳에 모아 각자의 역할과 전공戰功에 따라 공정하게 분배했다. 게다가 전쟁에 참여한 소수의 귀족만 약탈에 참여할 수 있었던 과거와 달리, 후방 지원이나 병참에 나선 전사들까지 모두 골고루 전리품을 나누어 받았고, 심지어 이전의 전쟁에서 숨진 전사의 유족들에게까지 전리품이 배분됐다.

그런데 놀랍게도 이 간단한 규칙 하나가 칭기즈칸의 군대를 초원의 최고 강자로 완전히 탈바꿈시켰다. 공을 세운 대로 전리품을 받을 수 있었기 때문에, 전사들은 약탈보다 명령에 따라 적을 섬멸하는 데 주력하게 됐다. 자신이 노력한 만큼 충분히 전리품을 받을 수 있다는 믿음은 그의 군대를 더욱 용맹하게 만들었고, 전사한 군인의 유족에게도 전리품을 나눠 준다는 확신 덕분에 칭기즈칸의 군대는 더더욱 목숨을 아끼지 않고 승리를 위해 싸웠다. 또한, 후방 지원을 한 사람들에게도 일정 기준에 따라 전리품을 나누어 주었기 때문에 칭기즈칸의 군대는 강력한 후방 지원을 받을 수 있었다.

전사를 잃은 소외된 계층까지 공정한 분배를 통해 전사를 다시 배출할 기회를 갖게 되자, 초원의 어떤 부족보다도 넓은 인재 풀Pool을 보유할 수 있게 됐다. 그리고 이는 세대를 거듭할수록 더욱 강력한 군대를 보유하는 원동력이 됐다. 이 같은 공정한 분배 시스템은 몽골 제국의 성장을 촉진하고 더욱 풍요로운 분배를 가져오는 선순환을 일으켜, 몽골이 세계 최강의 제국으로 발돋움하는 데 매우 중요한 역할을 했다.

소득 불평등,
경제 성장의 치명적인 독

공정한 분배가 성장의 걸림돌이라고 생각하는 일부 경제 관료나 경제단체들의 '신념'과는 대조적으로, 칭기즈칸의 지혜는 현대 경제학에서도 계속 확인되고 있다. 실제로 많은 연구 결과에서 공정한 분배는 경제성장의 걸림돌이 아니라 오히려 디딤돌임이 드러나고 있는 것이다.

이 같은 연구의 첫 포문을 연 것은 미국 하버드 대학의 알레시나 교수와 이탈리아 보코니 대학의 페로티Perotti 교수였다. 이들이 1960년부터 1985년까지 71개 나라의 불평등과 성장 관계를 조사한 결과, 소득 불평등은 사회 불안을 키우고 그 여파로 투자의 불확실성이 커져 결국 투자가 줄어든다는 실증적 연구 결과를 내놓았다.[5]

또한, 미국 프린스턴 대학의 베나부Benabou 교수는 불평등에 관한 연구 스물세 개를 모아 재분석했다. 그 결과 이들 스물세 가지 연구가 각기 다른 데이터와 기간, 그리고 서로 다른 방법으로 연구했음에도 불구하고, 소득 불평등의 격차가 경제성장을 낮추는 결정적인 원인임이 공통적으로 나타났다.[6]

인간 심리를 바탕으로 한 행동경제학에서도 인간은 전통 경제학의 기본 가정처럼 '철저하게 자신의 이익만을 따지는 이기적인 존재'가 아니라 '공정함을 함께 추구하는 존재'임이 이미 많은 실험을 통해 증명됐다. 따라서 정당한 분배가 이루어지지 않는 경제구조에서는 최선을 다해 노력하지 않거나 아예 포기하고 만다. 이러한 현상이 경제 전반으로 퍼지면 국가 경제 전체의 생산성이 크게 떨어지고, 장기적인 성장 동력은 영영 사라지게 될 수밖에 없다.

공정한 분배는
성장의 디딤돌이다

우리나라에서는 아직도 대기업에 돈을 몰아주면 경제가 더 빨리 성장하고, 그로 인해 대기업의 돈이 넘쳐흐르면 언젠가는 중소기업이나 근로자들에게도 도움이 될 것이라는, 검증되지 않은 '낙수효과'의 신화를 고집하는 이들이 너무나 많다.

그러나 대기업만 돈을 벌고 이를 뒷받침하는 수많은 중소기업이 정당한 대가를 받지 못한다면 어떻게 중소기업이 우수한 인재를 확보할 것이며, 어떻게 기술 개발을 통해 뿌리 기술을 확보할 수 있겠는가? 중소기업의 기술력이 몰락한 지금, 몇몇 대기업만으로 우리 경제를 지탱하려는 시도는 마치 병참兵站 없는 군대가 승리하기를 기대하는 것처럼 허황된 꿈이나 다름이 없다.

더 큰 문제는 대기업이 엄청난 부를 축적한 지난 몇 년 동안 우리 가계의 주머니 사정이 급속도로 쪼그라들었다는 점이다. 이 같은 경제구조에서는 기업이 아무리 좋은 물건을 만들어도 이를 사줄 수 있는 소비 기반이 조성될 수가 없다. 때문에 과도하게 수출에만 의존하게 되면서 다른 나라의 경제 상황에 휘둘리는 '천수답 경제'가 되고 말았다. 더구나 가계의 몫이 지속적으로 줄어든 결과, 쪼들린 가계가 출산까지 기피하면서 20~30년 뒤의 장기적인 성장 동력까지 훼손되는 지경에 이르렀다.

성장만 중요하다고 강조하는 이들은 흔히 '파이를 키우기도 전에 나눠 먹을 생각만 하면 어떻게 하느냐?'고 주장한다. 그러나 그들의 주장과 달리, 실제 경제에서는 어떻게 분배하느냐가 경제성장에 가장 중요한 요소 중 하나다. 경제를 돌아가게 하는 기본 시스템과 규칙의 문제이기 때문이다.

자신이 노력한 만큼 정당한 대가를 받지 못하는 구조에서 도대체 누가 최선을 다하겠는가? 지금처럼 인구 구조 악화와 기술혁신의 둔화로 장기 불황이 눈앞에 다가온 상황에서 우리 경제를 지킬 가장 강력한 성장 동력은 바로 노력한 만큼 대가를 받을 수 있도록 공정한 분배 시스템을 바로 잡는 것이다.

03
미래세대를 위한 복지 투자는
세금 폭탄인가?

2015년 1월 8일 인천 어린이집 폭행 사건은 어린이를 둔 부모만이 아니라 모든 국민들에게 큰 충격을 주었다. 그런데 이 폭행 사건의 근본 원인이 포퓰리즘에 의한 무분별한 보육 투자 확대 때문이라는 주장이 나오면서 논란은 더욱 커졌다. 특히 일부 언론은 우리나라처럼 과도하게 보육 투자를 하는 나라는 없다며, 어린이집 폭력과 미래세대에 대한 세금 폭탄을 막기 위해 당장 보육 관련 복지 정책을 축소해야 한다고 목소리를 높였다.

그런데, 과연 우리나라의 아동 복지 투자가 포퓰리즘이라는 오명을 써야 할 정도로 정말 과도한 수준일까? 2012년을 기준으로 한국의 아동 복지 투자는 GDP의 0.8%에 불과하여, OECD 34개 회원국 가운데 32위로 거의 꼴찌 수준이었다. 4% 안팎 수준인 북유럽 국가들을 차치하고서라도, 영국(5위)이 3.8%, 10위인 프랑스가 3.2%인 것과는 비교도 할 수 없을 만큼 낮은 수준이다. 유럽 국가 중 유아 복지 투자가 한국과 비슷할 정도로 낮은 나라는 '복지 천국'으로 우리나라에 잘못 알려진 그리스 정도밖에 없다.

복지는 한낱
퍼주기식 포퓰리즘인가?

만일 어린이집 폭행 사건이 과도한 아동 복지 포퓰리즘으로 일어난 것이라면, 대부분의 OECD 국가들에는 어린이집 폭행이 만연해 있어야 할 것이다. 그러나 이들 나라에서 어린이집 폭행이 그렇게 심각한 문제라는 이야기는 들어본 적이 없다.

무상보육으로 미래세대에 천문학적인 세금 폭탄을 떠안기게 될 것이라는 주장도 동의하기 어렵다. 2015년 무상보육과 기초연금 예산은 각각 10조 수준으로 거의 비슷한 수준이다. 하지만 2040년이 되면 상황이 완전히 달라진다.

복지 정책이 지금과 똑같이 유지된다고 가정할 때 노인 인구의 급증으로 기초연금 예산은 한 해 100조 원을 돌파하게 되지만, 지금처럼 출산율 하락이 가속화되면 무상보육 예산은 10조 원대를 넘어서기가 어려울 것이다. 이 때문에 무상보육의 세금 폭탄 문제는 기초연금과 비교할 때 문제라고 할 수도 없을 만큼 미미한 수준이다.

더구나 유독 청년이나 아동을 위한 복지만을 포퓰리즘이라고 몰아붙이는 것은 우리 경제의 미래를 위협하는 매우 위험한 오판이다. 저출산·고령화에 시달리는 우리나라에서 청년과 아동에 대한 복지 투자만큼 중요하고 시급한 투자가 없기 때문이다. 다른 OECD 국가들이 우리나라보다 유아 복지에 네다섯 배나 더 많이 투자하는 이유는 결코 포퓰리즘 때문이 아니라, 출산율을 높이고 인적 자본을 확충해 국가 경쟁력을 강화하기 위해서이다.

누가 감히 복지 투자를
단순 비용이라고 단언하는가?

우리나라 경제 관료들은 복지에 지출되는 돈은 그저 사라지는 돈이고, 콘크리트를 짓는 데 돈을 써야 투자라고 생각하는 경향이 있다. 그런데 이 같은 착각을 뒤집는 놀라운 복지 투자 실험이 2008년 나미비아Namibia의 한 작은 마을에서 이뤄졌다. 나미비아는 1990년에야 독립한 늦둥이 신생국가다. 그런데 독립 이후에도 여전히 소수의 백인이 경제권을 장악하고 있는 탓에 대부분의 흑인들은 50%에 이르는 높은 실업률에 시달리고 있었다. 그나마 직장을 가진 흑인들도 대부분 낮은 임금을 받으며 단순 노동에 종사하고 있었다.

나미비아에서도 오치베로-오미타라Otjivero-Omitara는 가장 가난한 마을 중 하나였다. 2007년 11월 당시 이 마을에는 제대로 먹지 못하는 가구가 전체의 75%에 이르고 있었다. 주민들은 절망의 늪에서 허우적거렸고, 돈만 생기면 현실의 괴로움을 잊기 위해 술을 마셨다. 특히 어린이들은 42%가 영양실조에 걸려 있었을 뿐만 아니라 돈을 벌기 위해 농장 일을 해야 했기 때문에 몇 주씩 학교를 결석하는 일이 잦았다.

그런데 2008년 1월, 오미타라 마을에서 놀랍고 획기적인 실험이 시작됐다. 나미비아의 시민단체가 세계 여러 나라의 도움을 받아 60세 이하의 주민들 930명 모두에게 아무런 조건 없이 한 달에 100나미비아 달러, 우리 돈으로 1만 5,000원의 기본 소득을 지급하기로 한 것이다. 21세 이하 어린이들의 몫은 그들의 보호자에게 지급했다. 이 계획은 근로세대를 위한 복지 정책이 어떤 효과를 가지고 있는지 확인하기 위한 '기본 소득 프로젝트the Basic Income Grant pilot project'로, 앞의 영문자만 따서 '빅BIG 프로젝트'라 불렀다.[7]

이 프로젝트를 처음 도입할 당시, 나미비아의 부를 독점한 백인 부자들은 젊은 근로계층에게 이러한 복지 혜택을 주면 나태해져서 그들의 인생을 더욱 망치게 될 것이라고 비난했다. 하지만 그들의 우려와 달리 이 프로젝트는 놀라운 기적을 가져왔다. 안정적인 소득이 보장되자 밀가루와 이스트를 사서 빵을 굽거나 옷감을 사서 옷을 만드는 사업을 시작한 이들이 있었는가 하면, 한 청년은 가게를 연 지 2년 만에 직원 두 명을 고용할 만큼 성공했다. 젊은 근로세대가 좌절과 절망에서 벗어나 일자리를 갖고 창업을 시작하자,

마을 전체가 놀라울 정도로 활력을 찾기 시작했다.

빅 프로젝트가 도입된 지 단 2년 만에 '식량 빈곤선Food Poverty Line'에 있는 사람들의 비중이 72%에서 16%로 기적적인 감소세를 보였고, 마을의 실업률은 60%에서 45%로 낮아졌다. 가난한 사람들에게 돈을 주면 놀고먹는 사람들이 늘어날 것이라는 백인 부유층의 부정적인 전망이 보기 좋게 빗나간 것이다. 가장 놀라운 점은 시민단체가 제공한 기본 소득을 제외하고도 마을 주민들의 소득이 크게 늘어났다는 것이다. 118나미비아 달러에 불과했던 마을 주민들의 1인당 월평균 소득이 불과 2년 만에 152나미비아 달러로 늘어났다.[8]

마을 사람들은 태어나서 처음으로 저축이라는 것을 경험하기 시작했고, 먹고 사는 데 급급해 학교를 포기해야 했던 아이들도 다시 학교로 돌아오기 시작했다. 더욱 중요한 것은 자신의 힘으로 돈을 벌어 가난에서 벗어나는 부모들을 목격한 마을 어린이들이 절망에서 벗어나 더 나은 삶을 꿈꾸기 시작한 것이다. 이처럼 잘 설계된 복지 투자는 결코 사라지는 돈이 아니라 경제를 더욱 활성화시키는 중요한 역할을 한다. 특히 미래세대를 위한 복지는 지속 가능한 성장을 가능케 하는 가장 강력한 '투자'라고 할 수 있다.

'복지 투자는 비용'이라는 고정관념을 고수하고 있는 소수의 비관론자들은 이 프로젝트가 소규모 마을이었기 때문에 성공했다고 우길 수도 있다. 하지만 비슷한 복지 실험이 인구 2억 명이 넘는 브라질에서도 똑같은 성공을 거두었다. 2003년 룰라 다 실바Lula da Silva

전 브라질 대통령이 시작한 '볼사 파밀리아Bolsa Familia'가 바로 그 대표적인 예다. 이 복지 정책은 폴 울포위츠Paul Wolfowitz 전 세계은행 총재가 "효과적 사회정책의 모범"이라고 할 정도로 세계적인 인정을 받았다.

장기 불황에서 우리를 구할
최강의 무기

OECD 국가 중에 우리나라처럼 아동 복지를 단순히 포퓰리즘으로 보는 나라는 거의 없다. 오히려 미래의 성장 동력을 만드는 가장 강력한 투자라고 생각하는 경우가 훨씬 더 많다. 실제로 유아 복지 투자는 다른 어떤 투자보다도 사회적 가치가 높다. 미국에서 2003년 진행된 페리 프리스쿨 프로그램High/Scope Perry Preschool Program의 연구 결과, 유아 보육에 단돈 1달러를 더 투자하면 국가 경제 전체적으로는 무려 16달러 14센트의 효과를 거둘 수 있는 것으로 나타났다.[9] 이 같은 놀라운 사실을 일찍 깨달은 선진국들은 자국의 미래를 위해 아동과 청년 복지에 대한 투자를 아끼지 않고 있다.

우리 경제는 지금 '일본화Japanization'라고 불리는 최악의 장기 불황을 눈앞에 두고 있다. 우리보다 먼저 그 위기를 맞닥뜨린 일본은 건설투자로 경기를 부양하려다 시간과 돈을 모두 낭비한 결과, 25년 동안 장기 불황의 늪에 빠져 허우적대고 있다. 뒤늦게야 잘못 대응했다는 사실을 깨달은 일본 정부가 2014년 아동 복지 투자를 강화하려고 했지만, 결국 당장 눈앞의 '표' 계산에 밀려 또다시 포기하고 말았다.

물론 모든 복지가 다 성장 동력이 되는 것은 아니다. 인간 심리에 바탕을 둔 행동경제학을 토대로 정교하게 설계된 복지 투자만이 우리 경제를 되살릴 수 있는 강력한 성장 동력이 될 수 있다. 그 중에서도 특히 아동과 청년 복지 투자는 우리 경제의 미래를 지키는 소중한 등불이 될 것이다. 시대에 뒤떨어진 포퓰리즘 논쟁만 반복할 것이 아니라, 장기 불황이 우리 경제를 습격하기 전에 어떻게 그 불씨를 살릴 것인지를 논의해야 한다.

04

청년이 무너지면
당신의 연금도 위험하다

2013년 통계청의 조사 결과, 우리나라 60세 이상 고령자들 중 무려 38.6%가 노후에 가장 큰 위협으로 경제적 어려움을 꼽았다. 현재 우리나라의 노인 빈곤율은 OECD 회원국 중 최고 수준으로 두 명 중 한 명이 빈곤선 아래에 있을 정도로 심각한 상황이다.

이처럼 절박한 상황에서 노후의 국민연금에 대한 의존도는 점점 높아지고 있다. 국민연금의 보장 수준이 충분해서라기보다는 지금처럼 가계 저축률이 4% 정도밖에 안 되는 상황에서는 대다수 가계가 국민연금 외에 다른 노후 대비 수단을 마련할 여력이 없기 때문이다.

하지만 국민연금에 대한 국민들의 신뢰도는 지극히 낮다. 2013년 KBS 여론조사 결과, 국민연금의 수령액이 지금과 같을 것이라는 응답은 17%에 불과했고, 응답자의 무려 83%가 지금보다 연금 수령액이 줄어들거나 아예 못 받을 것이라고 대답했다. 도대체 왜 우리는 국민연금에 이 같은 두려움을 갖고 있는 것일까?

국민연금에 대한 불안감은 결코 근거 없는 것이 아니다. 오늘날 든 든한 노후 연금을 받는 나라와 그렇지 않은 나라를 살펴보면 답은 분명하다. 강력한 청년 투자로 청년들이 경제를 지탱하는 동량棟梁이 된 독일 같은 나라에서는 든든한 연금이 보장되어 있는 반면, 청년에 대한 투자를 꺼리면서 기성세대의 연금만 지키려던 그리스와 스페인 등 남유럽은 청년들의 소득 기반이 붕괴되면서 연금 재정이 뿌리째 흔들리고 있다.

노인 한 명의 연금에 매달린
두 젊은 영혼

스페인의 젊은 여성 마르셀라는 꽃집에서 아르바이트를 하며 하루하루 힘겹게 살아가고 있었다. 그러다 우연히 한 달에 500유로(약 70만 원)를 받고 노환으로 하루 종일 침대에 누워 지내는 아마도르라는 노인의 말동무를 해주는 일을 맡게 됐다. 생활비 걱정을 덜게 된 마르셀라는 뛸 듯이 기뻤다. 하지만 기쁨도 잠시 뿐, 간병을 시작한 지 얼마 지나지 않아 아마도르는 숨을 거두고 말았다.

당장 눈앞의 돈이 절실했던 마르셀라는 아마도르의 죽음을 딸에게 알리지 않고, 시신과 함께 생활하며 계속 간병하는 것처럼 속이기로 마음먹는다. 그런데 스페인 특유의 뜨거운 여름이 시작되자, 이웃들이 집에서 이상한 냄새가 난다고 수군대기 시작했다. 그러자 마르셀라는 아르바이트를 하는 꽃집에서 팔다 남은 장미를 집 안 가득 채워놓고 방향제까지 뿌리면서 시신과 함께 버텼다.

그러던 어느 날, 아마도르의 딸이 불시에 찾아오면서 그가 이미 숨졌다는 사실이 들통 나고 말았다. 그런데 그 순간, 시신을 목격한 딸은 뜻밖의 말을 했다. 자신도 아빠의 연금이 계속 필요하니 두어 달만 시신과 함께 더 버텨달라는 충격적인 부탁을 한 것이다.

이것이 바로 노인 한 사람의 연금에 매달려 살아가는 두 젊은이의 절박한 모습을 통해 스페인 청년들의 비참한 현실을 고스란히 그려낸 영화 〈아마도르(2010)〉다.

미래에 대한 투자를 포기한 나라에서
승자는 아무도 없었다

스페인은 2008년 글로벌 금융 위기 이후 급속히 늘어난 국가 부채 때문에 심각한 경제 위기를 겪었다. 이 과정에서 GDP 대비 국가 부채 비율이 2008년 40% 수준에서 2013년에는 92%대로, 5년 만에 두 배가 넘게 급증했다.

이러한 최악의 경제 상황에도 아랑곳하지 않고, 2011년 총선에 나선 마리아노 라호이Mariano Rajoy는 노인 연금을 2%나 올려주겠다는 공약을 내걸었다. 덕분에 기성세대의 전폭적인 지지를 얻어 총선에 승리한 라호이는 취임 직후 첫 TV 인터뷰에서 "(재정 적자가 아무리 커도) 건드리지 않을 부문이 하나 있다면 그것은 연금"이라며 공약 실천 의지를 강조했다.

그 결과, 직격탄을 맞은 것은 바로 청년들이었다. 2014년에는 스페인의 청년 실업률이 54%까지 치솟아 OECD 국가 중에 가장 높았다. 이처럼 높은 실업률에 신음하던 스페인 청년들은 일자리를 찾아 해외로 탈출하기 시작했다. 스페인 통계청NSI은 2020년까지 해마다 50만 명의 스페인 젊은이들이 해외로 빠져나갈 것이라고 전망했다.

상황이 이러한데도 스페인 정부는 나라 빚을 줄이겠다며 2013년 400억 유로(약 50조 원) 규모의 대대적인 재정 적자 축소 방안을 내놓았다. 그 주된 내용은 공공기관들의 청년 채용을 대폭 줄이거나, 빈곤층과 청년층을 위한 사회안전망을 대폭 축소하는 방안이었다. 이처럼 경제 위기 속에서 '버림받은 세대'로 전락한 스페인 청년들은 더 나은 삶에 대한 희망조차 잃어가고 있다.

그렇다면 라호이 총리는 천문학적인 재정 적자 속에서도 반드시 노인 연금만은 인상하겠다던 자신의 공약을 지킬 수 있었을까? 청년이라는 버팀목이 무너진 스페인 경제가 이처럼 후한 연금을 지탱하기는 역부족이었다. 결국 라호이는 자신의 공약을 깨고 연금 수

령시기를 65세에서 67세로 늦추고, 연금 지급액을 축소하는 개혁에 나서야 했다. 만일 앞으로도 스페인 청년들의 붕괴를 이대로 계속 방치한다면 이마저도 지키기 어려울 것이다.

당신의 노후가 두렵다면
대한민국의 미래에 투자하라!

좋든 싫든 앞으로 우리 노후에 가장 중요한 소득원은 국민연금이 될 수밖에 없다. 하지만 1.19라는 세계 최하위 출산율로 인구가 급속히 줄고 있는 데다, 그나마 얼마 안 되는 청년들은 시간제 계약직을 전전하고 있기 때문에 나라의 소득 기반이 빠르게 무너지고 있다. 이대로 간다면 가까운 미래에 국민연금의 재정 건전성은 크게 위협받게 될 것이다.

청년에 대한 투자에 인색했던 스페인과 이탈리아, 그리스 등 대부분의 남유럽 국가들은 연금 재정의 불안이 가속화되자 결국 연금 지급시기를 늦추거나 연금액을 줄이고 있다. 이에 비해 청년에 대한 투자를 아끼지 않았던 독일과 덴마크, 벨기에 등은 앞으로 연금 수령액을 점진적으로 올려나갈 계획이다. 이들 나라는 고령화 사회로 진입하면서 노인 인구가 급증했는데도 연금이 흔들리기는커녕 여전히 든든한 노후 보장 수단으로 자리 잡고 있는 것이다.

청년에 대한 투자에 인색한 우리나라에서 청년들이 나중에 우리를 위해 천문학적인 국민연금 재정을 감당해줄 것이라고 기대하는 것은 너무 지나친 욕심일지 모른다. 우리가 이미 남유럽에서 목격한 것처럼, 청년이 무너진 나라에서는 우리의 연금도 위험할 수밖에 없다. 우리 자신의 노후를 위해서라도 청년과 미래세대에 대한 투자를 지금부터라도 강력히 확대해 나가야 할 것이다.

인구 감소가 가져온 최악의 경제 불황

"

인구 소멸 국가 1호 대한민국,

그러나 정작 우리나라는 인구 소멸의 공포를

전혀 체감하지 못하고 있다.

인구 감소는 어떻게 한 나라를 무너뜨리는가?

"

한국 경제를 노리는
'침묵의 살인자'

2015년 1월 전국경제인연합회가 30대 그룹을 대상으로 설문조사를 했는데, 응답자의 83%가 한국 경제에 '구조적 장기 불황이 우려된다'고 답했다. 경제전문가들의 전망은 더욱 심각하다. 전경련이 2014년 11월 경제전문가들을 대상으로 설문조사를 한 결과, 38명중 무려 90%가 '구조적 장기 침체'나 '디플레이션의 공포' 같은 우울하고 부정적인 단어를 올해의 키워드로 꼽았다.

우리 경제가 어떤 상태이기에 이렇게 우려의 목소리가 높아진 것일까? 경제 위기론은 언제나 있었다고 치부하기에는 이번 장기 불황의 위험성이 예사롭지 않다.

피터 드러커가 경제를 내다보는 열쇠,
'인구'

우리나라에 구조적 장기 불황을 몰고 오게 될 근본 원인은 인구 구조의 악화와 경제 혁신의 정체, 거듭된 부양책이 불러온 빚더미 등 크게 세 가지로 나눌 수 있는데, 우선 그 첫 번째로 이미 일본과 유럽을 저성장의 늪에 빠뜨린 주범인 '인구 구조의 악화 문제'부터 살펴보고자 한다.

'인구'는 한 나라의 미래를 송두리째 바꿀 만큼 강력한 요소이다. 현대 경영학의 아버지로 불리는 피터 드러커 Peter Drucker 는 "인구 통계의 변화는 정확한 미래 예측을 할 수 있는 유일한 수단"이라며 인구 구조의 중요성을 강조했다.[1] 그리고 이 같은 '인구에 대한 통찰'을 토대로 그는 종종 놀라운 경제 예측을 했다.

1997년 유로화 통합이 눈앞에 다가오자 MIT 대학이 자랑하는 세계적인 석학인 레스터 서로 Lester Thurow 교수는 유럽이 곧 미국을 능가하는 슈퍼파워 Superpower 로 떠오를 것이라고 주장했다. 하지만 이 말을 전해들은 피터 드러커 교수는 유럽이 슈퍼파워가 되기는커녕 조만간 인구 고령화와 저출산으로 심각한 위기에 처할 것이라고 경고했다. 그는 고령화와 저출산이 가속화되면 일을 할 청년들이 줄어들어 노인 부양 부담이 커질 것이고, 이로 인해 청년들이 실제로 손에 쥘 수 있는 소득인 가처분소득이 줄어들면 결혼과 출산을 기피하게 될 것이라고 예측했다. 또 이에 따라 인구가 줄어드는 속도가 가속화되면 거대한 유럽 경제마저 깊은 불황의 늪에 빠질 것이라는 우울한 예측이었다.

유럽 경제를 집어 삼킨
'일본화'의 공포

인구 구조가 경제에 미치는 영향을 살펴볼 때 가장 중요한 지표가 바로 생산가능인구(15~64세 인구)가 전체 인구에서 차지하는 비중이다. 생산가능인구는 노동력을 제공할 뿐만 아니라 소비의 주체가 되기 때문에 경제의 기둥이 된다. 이 때문에 한 나라에서 생산가능인구 비중이 늘어날 때는 강력한 경제성장의 원동력이 되지만, 고령화와 저출산으로 줄어들기 시작하면 대부분 극심한 경제 불황을 겪었다.

이런 현상이 가장 먼저 시작된 나라는 바로 일본이다. 1991년부터 생산가능인구 비중이 줄어들기 시작한 일본은 1989년부터 경제 버블이 붕괴되기 시작해 지금까지 20여 년 동안 장기 불황을 겪고 있다. 일본이 아무리 경기 부양책을 써도 좀처럼 장기 불황에서 빠져나오지 못하자, 많은 경제전문가는 그 원인을 절약을 미덕으로 삼는 일본인들만의 독특한 국민성이나 일본 정부의 정책 실패에서 찾았다. 한때 세계 2위의 경제 대국이었던 일본이 세계의 조롱거리로 전락한 것이다.

하지만 글로벌 금융 위기 이후에는 더 이상 어느 나라도 일본을 조롱할 수 없는 상황이 벌어졌다. 유럽의 많은 나라가 일본처럼 어떠한 경기 부양책으로도 경제를 되살리지 못하는 심각한 경제 불황에 빠지고 만 것이다. 그런데 이 같은 경기 불황이 닥쳐온 시기가 묘하게도 생산가능인구 비중이 하락한 시점과 일치한다. 스페인과 영국은 2007년부터 생산가능인구 비중이 줄기 시작했는데, 바로 이듬해부터 경제 위기가 시작됐다.

유로화Euro라는 단일 화폐로 묶여 있는 유로존Eurozone 전체를 보면 생산가능인구 비중이 2011년부터 줄어들기 시작했다. 이는 글로벌 금융 위기 이후 반짝 회복세를 보이던 유럽의 경제성장률이 다시 추락(더블딥, Double-dip)한 시기와 일치하고 있다. 이처럼 일본의 장기 불황을 연상시키는 극심한 경기 불황이 유럽 경제 전체를 휩쓸기 시작하자, 세계 언론들은 '일본화'의 공포가 유럽을 삼키고 있다며 우려하고 있다.[2]

인구 고령화가 키워낸
'침묵의 살인자'

'채권왕'으로 불리는 세계적인 투자전문가 빌 그로스Bill Gross는 "앞으로 수년간 무인도에 갇혀 단 한 가지 정보만 얻을 수 있다면, 나는 인구 변화 정보를 택할 것이다"라며 인구 통계의 중요성을 강조했다.[3] 그리고 인구 고령화가 각국의 경제성장률을 조용히 잠식해가는 '침묵의 살인자Silent Growth Killer'가 될 것이라고 경고했다. 과연 우리나라는 일본화의 공포에 빠진 유럽과 달리 이 '침묵의 살인자'로부터 자유로울 수 있을까?

우리나라의 생산가능인구 비중은 1966년 53%에서 2012년 73%에 이를 때까지 계속해서 높아져왔다. 그 덕분에 이제까지 빠른 경제성장을 할 수 있었지만, 2012년에 최고점을 기록한 이후 정체되어왔던 생산가능인구 비중이 2016년부터 줄어들기 시작한다. 그리고 2018년이 되면 '인구절벽'이라고 부를 만큼 세계 역사상 유례없이 빠른 속도로 추락하게 될 것이다. 이처럼 빠르게 줄어든 전례가 없기 때문에 어떤 충격이 올지 예측하기조차 어려운 상황이다.

2015년 이후 한국의 생산가능인구가 줄어들기 시작하면 우리 경제구조는 송두리째 바뀌게 될 것이다. 일하는 사람이 줄어들고 부양해야 하는 사람이 늘면 경제성장 속도가 급속히 둔화될 수밖에 없다. 더구나 고령화가 진행될수록 소비가 줄어들기 때문에 내수시장의 성장도 정체된다. 이 때문에 일자리가 줄어들면 청년들의 경제 기반이 더욱 악화되고, 이는 다시 저출산을 가속화시켜 인구문제는 더욱 악화될 것이다.

더 큰 문제는 바로 자산시장에서 일어나게 될 것이다. 주식이나 부동산을 팔려는 은퇴자에 비해 자산을 사들이는 청년층의 인구가 줄면 자산 가격이 계속 유지되기가 쉽지 않다. 이 때문에 고령화에 철저히 대비했던 몇몇 나라를 제외하면 대부분의 나라에서 생산가능인구 비중의 감소와 동시에 자산 가격의 급격한 하락 현상을 겪었다. 특히 이러한 자산 가격 하락을 빚으로 틀어막으려는 시도를 했던 나라는 자산 가격이 더욱 큰 폭으로 하락해 결국 경제 시스템까지 위협받게 됐다.

그래도
희망은 남아 있다

그러나 생산가능인구 비중이 줄어들고 있다고 해서 모든 나라가 극심한 위기나 장기 불황에 빠져든 것은 아니다. 대부분의 남유럽 국가들이 '일본화'의 수렁에서 헤어나지 못하고 있는 반면, 프랑스와 독일, 미국은 각기 다른 방법으로 충격을 완화해 나가고 있다.

먼저 프랑스는 출산율이 2.47을 기록했던 1970년부터 심각한 위기의식을 갖고 국가의 총력을 가족 복지 투자에 쏟아 출산율을 끌어올리는 데 성공했다. 독일은 아동과 청년에 대한 강력한 투자를 통해 그들의 생산성을 끌어올리고, 소비 기반을 만들어 미래 경제의 버팀목을 강화했다.

또한, 미국은 몰려드는 전 세계 인재들을 받아들여 생산성을 높이고 소비 기반을 확충함으로써 2007년 이후 생산가능인구 감소가 불러온 불황을 극복하기 위해 노력하고 있다. 어떤 방법이 가장 성공적인지 판단하기는 아직 이르지만, 적어도 아무런 노력도 없이 일본화의 충격을 이겨낸 나라는 아직까지 한 나라도 없었다는 점은 분명하다.

이렇게 세계 각국이 미래를 위한 생산가능인구 확보를 위해 총력을 다하고 있는 반면, 한국은 곧 눈앞에 닥칠 일본화 현상에 거의 무방비 상태나 다름이 없다. 우리나라처럼 출산율이 세계 최하위로 떨어질 때까지 출산율을 높이기 위해 제대로 노력 한번 하지 않은 나라는 찾아보기 어렵다. 더구나 우리는 미국처럼 다른 나라의 최고 인재가 자진해서 우리나라 국민이 되겠다고 몰려들기를 기대하기도 어려운 게 현실이다.

이런 판국에 경제 관료나 정치인들은 청년에 대한 '투자'를 단순한 '비용'으로 치부하고 포퓰리즘으로 매도하며 철저히 외면해왔다. 그런데도 우리가 '일본화'의 충격을 피할 수 있기를 기대하는 것은 요행을 바라는 것이나 다름이 없다.

02

인구 소멸 국가 1호 대한민국,
어떻게 살아남을 것인가?

데이비드 콜먼David Coleman 옥스퍼드 대학 교수는 저출산으로 인한 '인구 소멸 국가 1호'가 대한민국이 될 것이라는 충격적인 발표를 했다. 국회입법조사처도 출산율 하락을 이대로 방치한다면 2136년 한국의 인구는 지금의 5분의 1도 안 되는 1000만 명으로 줄어들고, 2256년에는 100만 명 아래로 줄어들어 사실상 소멸 단계에 들어가게 될 것으로 내다보았다. 미국 중앙정보국CIA의 《월드 팩트북》을 보면 한국의 합계 출산율은 1.25명으로, 224개국 가운데 세계 최하위권인 220위다. 그런데 이렇게 최악의 출산율을 기록하고도 우리나라처럼 아무런 위기의식도, 대책도 없는 나라는 정말 흔치 않다.

일본은 1989년 출산율이 1.57로 떨어지자 이를 '1.57 쇼크'라고 부르며 엔젤 플랜Angel Plan 같은 각종 출산율 제고 정책을 내놓았다.

비록 국가재정을 거의 투입하지 않아 그 효과는 미미했지만, 그래도 우리보다는 더 적극적으로 대응해 1.4가 넘는 출산율을 유지하고 있다. 이 같은 출산율만 유지한다면 일본의 인구 소멸은 우리보다 1,000년이나 늦은 3300년경에나 찾아올 것이다. 프랑스는 1970년대 출산율이 2.47로 떨어지자 '국가 비상사태'로 여기고 적극적인 투자를 시작했다. 그 결과 이미 고령화가 시작된 선진국 중에서 출산율이 2.0을 넘는 몇 안 되는 나라가 됐다.

이처럼 출산율 충격이 시작된 대부분의 나라들이 자국의 모든 국력을 집중해 출산율 하락과 전쟁을 벌이고 있지만, 우리나라는 중요한 인구 정책들을 모두 포퓰리즘이라고 매도하고 폄하하며 황금 같은 시간을 낭비하고 있다. 유독 우리나라만 '인구 소멸의 무시무시한 공포'를 전혀 체감하지 못하고 있는 것이다. 하지만 인류 역사를 돌아보면 인구 소멸을 방치했다가 멸망의 길을 걷게 된 나라가 한둘이 아니다. 다른 선진국들은 이 같은 사실을 매우 잘 알고 있기에 인구 정책에 막대한 국가재정을 투입하고 있는 것이다.

무적 스파르타를 패망으로 이끈
'인구 소멸'

영화 〈300〉에서 보았듯이, 실제로도 스파르타는 당시 대제국이었던 페르시아를 격퇴할 정도로 강력한 군사력을 가진 나라였다. 탁

월한 용맹 덕에 군대의 규모가 동일한 경우는 물론 훨씬 적은 경우에도 좀처럼 패한 적이 없었다. 그런데 무적이나 다름이 없었던 스파르타를 무너뜨린 것은 외부의 강력한 적이 아니라 어이없게도 '인구 소멸'이라는 내부의 적이었다.

스파르타는 기원전 7세기 무렵, 자신들보다 훨씬 더 인구가 많았던 이웃 나라 메세니아를 제압하고, 포로가 된 모든 시민들을 노예로 삼았다. 그 결과 자유시민이라고 불리는 지배계급과 노예의 비율이 1 대 20을 넘어서게 되어, 지배계급과 노예의 비율이 1 대 3 정도에 불과했던 아테네 등 다른 그리스 국가들보다 그 격차가 매우 컸다.

이처럼 압도적인 인구 차이 때문에 스파르타인들은 언제든 메세니아인들의 반란으로 국가 체계가 무너질 수 있다는 공포심을 갖게 됐다. 그 결과 스파르타인들은 어린 소년들을 가족으로부터 분리해 군사학교에서 엘리트 전사로 집단 양육하는 데 더욱 열을 올렸다. 스파르타에서는 혹독한 군사훈련을 견뎌낸 남성만이 자유시민으로 대우받을 수 있었다.

스파르타는 정치·군사적으로는 집단주의를 택했지만, 경제적으로는 철저하게 개인주의 원칙을 고수했다. 성인 남성들은 열다섯 명씩 조를 짜서 함께 공동식당Syssitia에서 식사를 했지만, 그 비용은 각자 개인이 부담하는 독특한 체제였다.[4] 자녀를 학교Agoge에 보내는 비용도 모두 개인의 몫이었다. 공동 식사비나 교육 비용을 내지 못하는 것은 스파르타 시민으로서 최악의 수치였을 뿐만 아니라, 자유시민의 지위를 박탈당할 수 있는 심각한 문제였다.

스파르타가 한창 전성기였을 때는 빈부 격차가 크지 않았기 때문에 이 같은 경제 시스템이 큰 문제가 되지 않았다. 하지만 기원전 3세기 무렵부터 부가 소수에게 집중되면서, 토지를 소유한 가문이 고작 100여 개 정도로 줄어들었다.[5] 빈곤의 늪에 빠진 절대 다수의 스파르타인들은 양육 비용을 감당할 수 없게 되자 아예 출산을 포기했다. 그 결과 스파르타 시민권을 가진 남성인 스파르탄(Spartan, Spartiate)들은 기원전 640년 9,000명에서 300년 뒤에는 1,000명으로 급감했다. 아무리 무적의 군대를 갖고 있던 스파르타라고 하더라도 그 숫자가 턱없이 줄어들자 중과부적衆寡不敵으로 몰려드는 적들 앞에서 속절없이 무너질 수밖에 없었다.

왜 한국의 청년들은
출산 파업을 택했을까?

스파르타뿐만 아니라 인류 역사에서 인구가 소멸된 나라는 하나같이 멸망의 길을 걸었다. 로마제국이 국경을 지킬 수 없었던 것도 이미 인구가 심각한 수준으로 급감했기 때문이었다. 이렇게 인구가 급감한 나라들은 다른 나라에게 정복을 당하거나 경제적 속국으로 전락해 비참한 최후를 맞이했다. 이를 너무나 잘 알고 있는 세계 각국의 정부는 인구가 감소하면 국가 비상사태를 선포하고 국력을 기울여 저출산과 싸우고 있다.

하지만 다른 선진국에 비해 저출산 대책이 전혀 없는 것이나 다름이 없는 우리나라에서는 청년들이 출산은커녕 결혼을 꿈꾸는 것조차 사치가 되어가고 있다. 가장 큰 문제는 청년들이 최악의 실업률에 시달리고 있다는 점이다. 일부 정부 관료들은 청년들의 눈높이가 높아서 청년 실업률이 높은 것이라고 주장하지만, 청년들이 눈높이를 낮춰 최저임금 수준의 직장을 택했다가는 자칫 결혼 생활을 유지할 수 있을 만큼의 돈을 버는 것조차 쉽지가 않다.

설사 괜찮은 직장을 잡았다고 해도 워낙 치솟아 오른 전셋값 때문에 살 집을 마련하기란 참으로 어려운 일이다. 2014년 10월 경실련의 조사 결과, 전문대 이상의 학력을 가진 맞벌이 신혼부부가 서울에서 전셋집을 마련하는 데 걸리는 시간이 무려 28년 6개월인 것으로 나타났다. 부유한 부모를 갖지 못한 청년은 결혼을 해서 맞벌이를 하더라도 자신의 힘만으로는 집을 사기는커녕 전셋집 하나 마련할 수 없는 것이 우리나라의 현실인 것이다.

이 모든 어려움을 이겨내 결혼을 하고 겨우 살 집을 마련했다고 해도, 한국의 열악한 보육 환경에서 출산을 계획하기는 또 너무나 힘든 일이다. 한국처럼 저출산으로 경제체제가 붕괴될 위기에 처한 나라에서 '의무보육'을 하지 않고 철저히 개인에게 보육을 맡긴 나라는 정말 드물다. 우리나라 4만 3,000개 어린이집 가운데 국·공립

어린이집은 고작 5.3%에 불과하다. 더구나 대도시에서는 민영 어린이집마저 부족해 아이 맡길 곳을 찾는 것은 전쟁이나 다름이 없게 됐다.

대한민국의 미래를 좌우할 교육을 사적인 영역으로 떠넘긴 것도 한국만의 특징이다. 가끔 한국 교육은 과잉 투자가 문제라며 공교육 지원을 더 줄여야 한다는 식의 논리를 펴는 사람들이 있다. 하지만 이는 공교육과 사교육을 혼동하는 정말 위험한 착각이다. 한국은 공교육의 과소 투자로 인해 사적 투자가 과잉이 된 나라이기 때문이다. 이처럼 우리나라의 기둥이 될 인적 자본 투자를 대부분 개인에게 떠맡기는 바람에, 우리나라에서 아이를 낳는 것은 자신의 노후를 걸어야 할 만큼 위험한 일이 되어가고 있다. 이런 상황에서 뻔한 출산장려 구호만으로 청년들이 아이 낳기를 바라는 것은 매우 안일하고 무책임한 처사이다.

멸망을 피할 수 있는 열쇠는
아직 남아 있다

자녀를 낳고 키우고 싶어하는 것은 인간의 본능이다. 하지만 이제 한국에서 아이를 낳고 키우는 것은 극히 소수의 부유층에게만 허용된 일종의 사치처럼 되어가고 있다. 이대로 미래세대인 청년과 아동에게 투자하지 않고 시간만 허비한다면, 우리는 인구 소멸로 파국을 맞이할 수밖에 없다. 세계사를 뒤흔들었던 스파르타나 로마제국마저도 무너뜨린 인구 소멸의 위기를 아무런 대책도 세우지 않고 피해갈 수 있을 것이라고 기대하는 것은 참으로 헛된 바람이 아닐 수 없다.

아직 우리나라에는 인구 소멸의 위기와 싸워 승리할 수 있는 기회가 남아 있다. 그 길은 바로 청년에 투자하는 것이다. 이는 단지 청년만이 아니라 우리 기성세대의 미래도 지킬 수 있는 가장 확실하고 중요한 열쇠가 될 것이다. 그러나 만일 지금처럼 소중한 시간을 낭비해 돌이킬 수 없는 지경까지 이르게 되면 어떤 세대든 공멸共滅의 길을 피할 수 없다.

인구절벽!
당신의 노후가 위험하다

2010년 일본의 NHK가 방송한 '무연사회無緣社會'라는 제목의 다큐 멘터리가 일본 열도에 큰 충격을 주었다.[6] 이 방송은 도쿄도東京都 에 있는 다가구주택에서 양반다리를 하고 앞으로 쓰러져 오랫동안 부패한 상태에서 발견된 한 남성의 이야기로 시작한다. 가족도, 찾 아오는 사람도 없이 혼자 살던 사람이 거실에서 TV를 보다가 앉은 자세로 갑작스레 죽음을 맞이한 것이다.

NHK 방송 취재팀은 초고령화 사회로 접어든 일본에서 이렇게 혼자 살다 숨진 무연사망자가 상당히 많을 것으로 보고 직접 확인 하기 위해 일일이 전화를 했다. 그 결과 일본의 무연사망자는 한 해 에만 무려 3만 2,000명 정도에 이르는 것으로 조사됐다. 숨진 뒤에 도 오랫동안 아무에게도 발견되지 않는 경우가 점점 늘어나고 있는 것이다.

늘어난 수명에 대비해 충분한 생활비를 마련하지 못한 상당수 일본인들은 혼자 방 안에서 조용히 TV를 보며 노후를 맞이하고 있다. 먹고 사는 것조차 힘든 이들에게 바깥세상의 사회생활이나 문화생활은 사치나 다름이 없다. 이것이 바로 갑자기 닥쳐온 초고령화 사회에 미처 대비하지 못하고 '무연사無緣死'로 혼자 쓸쓸히 죽어가는 일본인들의 서글픈 단면이다.

다가오는 초고령화 시대,
가장 큰 문제는 돈이다

일본은 이미 2005년에 세계 최초로 65세 이상 인구가 20%를 넘는 '초고령 사회'로 진입한 나라였다. 이 같은 현상은 전례가 없었기에 일본은 초고령 사회의 심각성을 전혀 예측하지 못했다. 때문에 정부는 물론 일본의 은퇴세대들도 아무런 대비 없이 노후를 맞이했다. 그 결과 현재 일본은 세계 제3위의 경제 대국이라고 불리기에는 부끄러울 정도로 노후 대비가 되어 있지 않다. 실제로 일본의 노인 빈곤율은 무려 24%로, OECD 회원국 평균인 12%의 두 배나 될 정도로 심각한 상황이다.

그런데 일본보다 노후 대비가 훨씬 더 심각하게 되어 있지 않은 나라가 바로 우리나라다. 우리는 바로 옆 나라인 일본이 이미 20년 전에 초고령 사회로 진입하면서 얼마나 큰 고통을 겪었는지를 적나라하게 목격하고도 아무런 대비도 하지 않는 우愚를 범했다. 그 결과, 우리나라의 노인 빈곤율은 무려 49%로 일본의 두 배가 넘고, OECD 회원국 중에서는 타의 추종을 불허하는 불명예스러운 1위를 차지하고 있다.

그런데 앞으로 노인 빈곤 문제는 더욱 심각한 상황에 빠질 것이다. 700만 명이라는 엄청난 인구를 차지하고 있는 베이비부머 (1955~1963년 출생자)가 은퇴를 시작했기 때문이다. 이제 우리나라는 전 세계에서 유례가 없을 만큼 빠른 속도로 고령화가 진행되어, 2026년에는 초고령화 사회로 진입하게 될 것이다. 곧 노후에 대한 공포가 우리 사회를 엄습하게 될 이때에, 우리는 노후를 대비하기 위해 어떻게 해야 할 것인가?

혹자는 안전자산에만 머물러 있지 말고 더 위험한 투자를 해서라도 노후를 지켜야 한다고 말한다. 그러나 이는 앞으로 닥쳐올 초고령 사회의 특징을 전혀 이해하지 못한 시각이다. 이제는 경제 환경이 송두리째 바뀌기 때문에, 과거에 통했던 투자 전략을 고수했다가는 자칫 노후에 큰 낭패를 볼지 모른다. 앞으로 다가올 거대한 변화에 선제적으로 대응한 사람만이 자신의 노후를 지킬 수 있을 것이다.

0%대 예금 금리,
그 충격에 대비하라!

2012년 보건복지부의 조사 결과, 우리나라 40~50대 중에 노후 준비가 되어 있는 경우는 고작 45% 정도에 불과한 것으로 나타났다. 이처럼 은퇴 준비가 부실한 탓에 은퇴 후를 걱정하는 사람이라면 대부분 돈을 굴려 한 푼이라도 더 많은 노후자금을 마련하는 것을 꿈꾸어보았을 것이다. 하지만 안타깝게도 초고령 사회로 돌진해가고 있는 우리나라에서 앞으로 돈을 굴려 돈을 버는 것은 매우 어려운 일이 될 것이다.

가장 큰 문제는 실질금리가 크게 떨어지면서 당장 돈을 굴릴 곳이 없다는 점이다. 은행연합회 공시 기준으로 2015년 7월 당시 1년 정기예금 금리는 연 1.6%대에 불과했다. 물론 저금리 정책 기조로 금리가 낮아진 측면이 있지만, 그렇지 않다 해도 개발 경제 시대나 1990년대 후반과 같은 고금리 시대가 다시 찾아오기를 기대하기란 매우 어렵다. 앞으로 찾아올 초고령 사회의 가장 큰 특징이 바로 '저성장·저금리'이기 때문이다.

기본적으로 한 나라의 실질금리 수준은 그 나라의 경제성장률을 크게 벗어나지 못한다. 그런데 인구절벽이 본격화되고 초고령 사회가 시작되면 장기적으로 경제는 저성장의 늪에 빠진다. 실제로 한국개발연구원은 앞으로도 합계 출산율이 1.19명 수준에 계속 머물 경우, 우리 경제성장률은 2030년대에 1.6%로 낮아지고 2040년대에는 0.74%로 추락할 것이라고 전망했다.[7]

물론 우리나라는 일본과 달리 대외 경제 변수에 큰 영향을 받는데다 국내 자금 시장의 안정성도 취약하므로, 유동성 위기가 오면 일시적으로 금리가 급등할 수는 있다. 특히 미국이 기준금리를 올리고 유럽연합의 양적 완화가 마무리되면 분명 우리나라의 금리도 영향을 받을 것이다. 하지만 이러한 금리 인상이나 금융 위기의 시기를 제외하면, 실질금리는 고령화와 함께 장기적으로 하락세를 보이게 될 것이기 때문에 이자로 노후 생활을 계획하기는 점점 더 어려워질 것이다.

실제로 초고령화 사회가 된 일본의 정기예금 금리는 특판금리라하더라도 고작 연 0.3%에 불과하며, 시중은행의 정기예금 금리는 연 0.1%인 경우가 대부분이다. 이 때문에 일본에서 은행 예금의 역할은 돈을 굴리기 위한 것이라기보다는 단지 보관해두는 정도에 그치고 있다. 이렇게 일본의 금리가 급격하게 떨어졌던 1990년대에 은행 이자로 생활하겠다고 은퇴 계획을 세웠던 일본의 고령층은 노후 빈곤에 빠지게 된 경우가 적지 않았다.

인구절벽 앞에
이제 미다스의 손은 없다

이처럼 예금금리가 계속 낮아지자, 많은 사람이 조금이라도 수익률이 높은 투자처를 찾기 위해 혈안이 되어 있다. 하지만 인구절벽과 함께 초고령화 시대가 본격화되면 뾰족한 투자 대안을 찾는 것이 점점 더 어려워질 것이다. 특히 청년 인구가 줄어드는 현 상황에서는 더 이상 주식투자도 노후를 위한 장기 투자의 대안이 되기는 어렵다.

예전에는 금리가 낮아지면 주식과 부동산에 돈이 몰릴 것이라고 보는 것이 보편적인 시각이었다. 때문에 최근 한국은행이 정책금리를 1%대로 낮추자 주가 상승에 대한 기대가 커지면서 2015년 4월에는 코스피가 2,100선을 훌쩍 넘어서기도 했다. 하지만 앞으로 인구절벽이 시작되면 아무리 금리가 낮아져도 주가가 대세 상승할 것을 기대하기란 쉽지 않다.

가장 큰 이유 중 하나는 시장에 진입하는 청년들의 수가 줄어들면서 주식을 살 수 있는 수요 기반이 무너지고 있기 때문이다. 실제로 우리나라 유가증권시장의 시가총액에서 60대 이상의 투자자가 차지하는 비중이 2007년 26.3%에서 2013년에는 37.9%로 크게 늘었다. 이에 비해 2030세대가 차지하는 비중은 같은 기간 동안 16.3%에서 10.3%로 급감했다.

더구나 앞으로 시간제 계약직을 전전하고 있는 우리 청년들이 주식시장에 진입할 종잣돈을 마련하는 것조차 어렵게 된다면, 주식시장의 수요 기반은 더욱 약화될 것이다. 실제로 2014년 한 해 동안 2030세대 가구의 소득 증가율은 고작 0.7%에 불과해 50대 소득 증가율의 10분의 1에도 못 미쳤다.

이처럼 청년들의 숫자는 물론 그들의 소득까지 감소하면, 아무리 기업이 좋은 물건을 만들어도 이를 팔 수 있는 시장이 형성되기 어렵다. 더구나 초고령 사회가 되면 경제 전체의 활력이 줄어들어 기업이 높은 이윤을 누리기가 쉽지 않게 되고, 이 같은 현상은 장기적으로 주가 상승을 제약하게 될 것이다. 또한 국회예산처의 전망대로 2031년부터 국민연금기금이 줄어들기 시작하면 국민연금은 천문학적으로 보유하고 있던 주식이나 채권을 지속적으로 팔 수밖에 없기 때문에 증권시장에 큰 부담을 주게 될 것이다. 특히 2041년부터는 기금의 감소 속도가 더욱 빨라져 시장이 극도로 불안해질 수 있다. 따라서 앞으로는 주식이나 주가 연계 상품에 대한 장기적인 투자로 은퇴 이후의 노후 생활을 대비하는 것은 결코 좋은 생각이 아니다.

일본의 경우 1989년 38,900선까지 치솟았던 일본의 닛케이지수가 생산가능인구 비중 감소와 거의 동시에 주가 대폭락을 시작하여, 20년이 지난 2009년에는 7,000대까지 떨어졌다. 그러다 아베安倍晋三 총리의 대대적인 돈 풀기 전략이 시작된 2012년 이후에야 주가가 본격적인 반등을 시작하여 2015년 4월에 겨우 2만 선을 회복했다. 1989년 주가의 절반 수준을 회복하는 데 무려 26년이라는 엄청난 세월이 걸린 것이다.

부동산에 건 대한민국의 노후,
과연 안전할까?

우리나라 사람들이 노후를 걸고 있는 가장 중요한 자산은 역시 부동산이다. 은퇴했거나 은퇴를 앞둔 세대가 전체 순자산 중 80~90%를 부동산에 묻어둔 나라는 우리나라밖에 없을 것이다. 하지만 그렇게 믿고 의지하는 부동산 시장의 전망도 결코 밝지 않다. 은퇴를 앞둔 고령층보다 새로 집을 마련해야 하는 청년층의 수가 턱없이 부족하고, 소득이 좀처럼 늘지 않고 있기 때문이다.

실제로 국제결제은행BIS의 엘로드 타카츠Elod Takáts가 22개 선진국 자료를 토대로 1970년부터 무려 40년에 걸친 데이터를 연구한 결과, 인구 구조가 집값 결정에 중대한 역할을 하고 있으며 고령화는 집값을 떨어뜨리는 강력한 효과가 있다고 결론 내렸다. 그리고 이같은 분석을 토대로 고령화가 시작된 22개 선진국에서 앞으로 40년 동안 집값이 크게 떨어질 것이라고 전망했다.[8]

그의 분석이 아니더라도 일단 고령화 사회로 진입한 나라 중에서 집값이 눈에 띄게 오른 나라를 찾기는 쉽지 않다. 세계 최초로 초고령 사회로 진입한 일본에서 부동산 시장이 붕괴되고 장기 침체가 시작되자, 처음에는 이를 일본만의 독특한 현상으로 생각하는 사람들이 많았다. 하지만 일본에 이어 고령화 사회로 진입한 다른 나라들이 연이어 집값 하락 현상을 겪자, 이제 집값 하락은 고령화에 따른 당연한 현상으로 보는 시각이 빠르게 늘어나고 있다.

지금 우리나라는 정부가 온갖 부동산 부양책을 퍼부어 가까스로 집값을 끌어올리고 있지만, 청년들의 인구는 물론 소득까지 줄어드는 상황에서는 정부의 지원 없이 집값이 계속 오르기는 쉽지 않다. 장기적으로 집값은 물가 상승률 수준을 크게 벗어나기 어렵기 때문에, 각종 유지 비용이 들어가는 '집'에 의지해 노후를 준비하는 것은 점점 더 불안한 대비책이 될 것이다.

이제 곧 인구절벽이 시작되면 돈을 굴려 돈을 버는 것이 점점 더 힘들어지게 되는 만큼, 돈을 굴려서 얻는 기대수익률에 대한 눈높이를 낮추고 노후 준비를 더 앞당겨 시작할 필요가 있다. 또한, 앞으로 저성장·저금리 시대가 오면 당신의 주머니를 노리고 당신을 현혹하는 경우가 더욱 늘어날 것이기 때문에, 여기에 넘어가지 않도록 그 어느 때보다 더욱 주의해야 한다. 일단 인구절벽에서 떠밀려 추락하기 시작한 경제에서 돈을 굴리는 것만으로 큰돈을 벌 수 있기를 기대하는 것은 헛된 꿈이란 점을 명심해야 한다.

21세기 가장 소중하고
강력한 자원, 청년

"
21세기에 가장 소중하고, 강력하며,
결코 대체할 수 없는 단 하나의 자원이 있다면
그것은 바로 '청년'이다.
"

01
최악의 청년 실업률,
일자리는 왜 사라졌을까?

2014년 청년 실업률은 9%로 1999년 통계 기준을 변경한 이후 역대 최고치를 기록했다. 일자리의 질도 나빠져 단기 계약직으로 취직한 청년 비중이 20.1%를 기록해 단 6년 만에 두 배 가까이 높아졌다.

이 같은 최악의 청년 실업률에 대해 일부에서는 '중소기업에는 여전히 일자리가 넘쳐나는데, 우리 청년들이 더럽고 위험하고 힘든 3D 산업을 기피하기 때문에 스스로 실업을 택한 것'이라며 모든 책임을 청년들의 탓으로 돌린다. 따라서 청년 실업의 해법도 간단하다. 청년들이 눈높이를 낮추어 3D 산업으로 가면 다 해결된다는 것이다.

그런데 여기서 이상한 점을 발견할 수 있다. 우리가 배운 경제 원론에 따르면 모든 시장은 수요공급의 법칙에 따라 가격이 결정된

다. 따라서 3D 산업에서 일하려는 청년이 줄어들어 구인난을 겪을
정도로 일손이 부족해지면 임금이 올라야 정상이다. 그러나 현실은
전혀 그렇지 않다. 왜 우리나라에서는 청년 실업률이 역대 최고치
를 기록할 만큼 취직이 어려운데도, 3D 산업의 중소기업은 일할 사
람이 없다고 아우성인 기현상이 나타난 것일까?

3D 산업을 기피하는
청년을 욕하지 마라!

2011년 11월 《월스트리트 저널》은 서호주 지역 지하 광산에서 일하
는 제임스 디니슨James Dinnison이라는 광부를 소개했다.[1] 그는 고등학
교 중퇴 후 바로 광부 일을 시작한 지 7년 만에 한 해 무려 20만 달
러, 우리 돈으로 2억 4000만 원이나 되는 고소득을 올리고 있었다.
이처럼 호주에서는 광부들의 평균 연봉이 1억 원이 넘어 전체 근로
자 평균 연봉의 두 배에 가깝다. 게다가 직장의 안정성도 높기 때문
에 호주에서 광부는 3D 업종임에도 불구하고 꽤 인기 있는 직종이
됐다.

이와 같이 '3D 업종'이어서 근로자들이 기피하면 노동의 수요에
비해 공급이 부족하기 때문에 결국 이를 충분히 보상해줄 수 있을
만큼 임금이 오르는 것이 정상이다. 실제로 호주에서는 사람들이
기피하는 용접공이나 배관공 같은 힘든 직업이 일반적인 사무직 근

로자보다 훨씬 더 높은 임금을 받고 있다. 따라서 직장의 안정성과 연봉만 받쳐준다면 광부나 용접공 같은 3D 업종도 얼마든지 인기 직업이 될 수 있다.

그렇다면 왜 우리나라에서는 청년들이 그렇게도 기피한다는 3D 업종의 임금이 낮게 책정되어 있는 것일까? 한 해 수십만 명씩 쏟아져 들어오는 외국인 근로자가 그 이유 중 하나다. 외국인 근로자가 없다면 3D 업종의 기업들은 수요와 공급이 만나는 적절한 균형점까지 임금을 올릴 수밖에 없다. 하지만 턱없이 낮은 임금으로 고용할 수 있는 외국인 근로자가 존재하는 한, 굳이 우리 청년들을 비싼 값에 고용할 필요가 없다.

그런데 외국인 근로자들은 아무리 낮은 임금이라도 몇 년만 일해서 돈을 모아 고국에 돌아가면 꽤 풍요로운 삶을 누리게 될 것이라는 꿈을 꿀 수 있다. 하지만 우리 청년들이 외국인 근로자 수준의 저임금을 받게 되면, 결혼해서 가정을 꾸리고 자식을 낳아 키우며 사는 기본적인 삶조차 영위하기가 쉽지 않다. 이런 차이를 도외시한 채 '외국인 근로자들은 3D 업종이라도 마다하지 않고 몰려오는데, 정작 같은 일을 하려는 한국 청년은 찾을 수가 없다'며 우리 청년들을 나약하다고 비난하는 것은 매우 부당한 일이다.

게다가 기업들이 비용 절감을 내세우며 비정규직의 임금을 거의 동결시켜온 탓에 정규직과의 임금 격차가 너무나 크게 벌어진 점도 청년 실업을 가속화시키는 원인이 되고 있다. 현재 중소기업 비정규직의 임금은 대기업 정규직 임금의 37%밖에 되지 않는다. 임금 격차가 이만큼 벌어지면, 청년들은 중소기업에서 비정규직으로 30년을 일하느니 차라리 대기업에서 12년을 일하는 편이 더 많은 수입을 보장받을 수 있다. 더구나 드라마 '미생'에서 적나라하게 보여준 것처럼, 아무리 능력을 발휘해도 비정규직으로 시작해서 정규직이 되는 것은 하늘의 별 따기처럼 어려운 것이 현실이다. 때문에 졸업 후 취업이 안 된다고 곧바로 비정규직을 택하는 것보다 대기업 정규직에 계속 도전하는 편이 청년들에게 훨씬 더 현명하고 합리적인 선택이 되어버린 것이다.

이러한 현실에도 불구하고 당장 직장을 구하지 못한 청년들에게 3D 직종이나 비정규직이라도 택하라고 강요하는 것은, 결국 젊었을 때부터 꿈과 희망은 모두 내던져버리고 발전 가능성이 희박한 비루한 선택이라도 빨리 하라며 등을 떠미는 것과 같다. 왜 이 같은 구조적 모순을 바꿔볼 생각조차 하지 않고, 우리 청년들에게 척박한 현실을 그저 받아들이라고만 강요하는가? 사회생활을 시작하는 우리 젊은이들이 성장과 발전을 향한 꿈을 버린다면 대한민국의 꿈과 미래도 함께 사라지고 말 것이다. 정치인들이나 경제 관료들은 청년들에게 희망을 포기하고 현실의 고통을 감수하라고 강요할 것이 아니라, 더 큰 꿈을 갖고 새로운 것들에 도전할 수 있는 풍부한 기회를 주기 위해 최선을 다해야 한다.

외국인 근로자의 임금을 높여라!
독일이 시위한 까닭은?

1996년 독일 뮌헨에서는 우리나라의 시각으로는 좀처럼 이해하기 어려운 파업이 일어났다.[2] 건설 근로자들이 자신들의 임금을 올려달라고 파업을 한 것이 아니라, 자신들의 절반 수준으로 받고 있는 외국인 근로자의 임금을 자신들과 동등하게 올려달라며 파업을 한 것이다. 이 같은 파업이 독일 전역에서 계속되자, 결국 독일 정부는 외국인 건설 근로자들에 대해 최저임금을 설정했다. 당시만 해도 독일에는 최저임금 규정이 없었는데, 외국인 건설 근로자에게 가장 먼저 최저임금을 적용하는 특이한 현상이 일어난 것이다.

이 파업은 독일 건설 근로자들이 외국인 근로자들의 인권을 걱정하는 휴머니즘에서 시작한 것이 전혀 아니다. 당시 건설업을 제외한 대부분의 산업은 이미 노사 합의 등으로 외국인에 대해서도 내국인과 동일한 임금과 근로조건을 적용하고 있었다. 하지만 건설업에서는 아직 이 같은 합의가 없었기 때문에 건설 업체는 외국인을 반값 이하의 임금으로 고용하고 있었다. 이로 인해 외국인에게 일자리를 빼앗긴 독일 건설 근로자들이 자신들의 일자리를 지키기 위해 이 같은 파업을 벌인 것이다. 임금이 동일한 상황에서는 기업이 자국민을 제치고 외국인을 먼저 채용할 이유가 전혀 없기 때문이다.

이처럼 독일에서는 밀려들어 오는 외국인 근로자로부터 자국민의 일자리를 보호하고 정규직과 비정규직의 차별을 막기 위해 오래전부터 '동일 노동, 동일 임금' 원칙을 적용하려고 노력해왔다. 이 때문에 외국에서 온 이주 근로자들은 독일에서 일자리를 찾기가 쉽지 않지만, 일단 고용되면 독일인과 동등한 대우를 받을 수 있다. 게다가 외국인 근로자에 대한 인권침해 문제나 차별 문제를 원천적으로 차단할 수 있어 일거양득이 된 셈이다.

우리가 기술력에서
결코 독일을 따라잡을 수 없는 이유

중국과의 가격 경쟁에서 밀리기 시작하자, 우리 정부는 외국에서 저임금 근로자를 대거 불러들여 중국과의 원가 경쟁에 나서는 정책을 택했다. 그 결과, 기업들은 우리 청년들을 고용해 장기간 교육 훈련을 거쳐 뛰어난 기술 인력으로 육성하는 것보다 당장 임금이 낮은 외국인 근로자를 고용해 비용을 낮추는 편이 단기적으로 훨씬 유리한 전략이 되고 말았다.

그러나 일반적으로 외국인 근로자는 3년 이상 고용하기 힘들기 때문에 기술을 전수하기가 어렵고, 전수한다고 하더라도 그들이 자국으로 돌아가면 오히려 우리의 잠재적 경쟁자가 됐다. 결국 외국인 근로자의 저임금 공세에 우리 청년들이 밀려나면서 '뿌리 산업'

에서의 기술혁신 주체도 함께 사라지고 만 것이다.

이와 달리 임금을 낮출 수 없었던 독일의 기업들은 생산성을 끌어올리는 선택을 했다. 자국 청년들을 모두 뛰어난 기술 인력으로 키워 경쟁력을 높이는 전략을 택한 것이다. 그 대표적인 결과물이 바로 독일의 유명한 '일·학습 병행제(듀알레 시스템, Duales system)'이다. 보통 15~18세 정도면 학교를 다니며 회사에서 기술 교육을 받는 일·학습 병행제를 시작할 수 있다. 필자가 취재했던 독일의 중견기업 'ebm팝스트ebm-papst'의 경우 이 교육 기간 동안 우리 돈으로 130만 원 정도의 월급을 지급하고, 3년여의 교육 과정이 끝나 정식 사원이 되면 300만 원을 지급한다. 그리고 일단 취직을 하면 대부분의 근로자들이 65세까지 거의 50년 동안 이 회사를 평생직장으로 일하고 있었다. 이렇게 안정적인 평생직장을 제공하는데 어떤 청년들이 일·학습 병행제를 마다하고 대기업만 고집하겠는가?

더구나 이러한 평생직장 구조는 독일 제조업에 놀라운 기술혁신을 가져오는 근본적인 원동력이 됐다. 원래 제조업의 공정 혁신은 번뜩이는 아이디어만으로는 불가능하고, 수십 년의 현장 경험이 축적된 기술력이 밑바탕이 되어야 한다. 바로 이 때문에 수십 년 동안 한 직장에서 같은 일을 해온 독일의 마이스터Meister가 제조업 공정 혁신의 주체가 되고 있는 것이다. 결국 외국인 근로자에 대한 독일 정부와 노사 협력의 지혜가 독일 청년들의 일자리를 보호하고, 독일의 제조업 기술을 세계 최고 수준으로 끌어올렸으며, 외국인 근로자에 대한 부당한 차별까지 막는 '세 마리의 토끼'를 잡는 데 큰 역할을 하고 있는 셈이다.

'기업하기 쉬운 나라'에서
기업은 더 쉽게 망할 뿐이다

우리나라에서 가장 흔히 하는 착각이 '기업하기 편한 나라를 만들어야 국가 경제가 더 발전할 것'이라는 주장이다. 이처럼 위험한 착각 속에서 우리 정부는 당장 기업들이 환율이 낮아 장사하기 어렵다고 하면 환율을 높여줬고, 세금이 높아 장사하기 어렵다고 하니까 세금을 낮춰주었다. 그리고 우리 청년들의 임금이 너무 높아 비용이 올라간다고 아우성치니 외국인 근로자들을 저임금에 고용할 수 있게 해주었다.

하지만 이는 마치 자녀를 온실 속의 화초처럼 키우면서 아이를 망치는 부모와 같다. 오늘날과 같은 글로벌 경쟁 시대에 기업들이 너무 편하게 장사할 수 있도록 하면 더욱 강해지는 것이 아니라 외부의 작은 환경 변화에도 무너질 만큼 나약해진다.

환율을 높이면 당장은 더 장사하기 쉬울 것처럼 생각되지만, 급변하는 국제 환경에서 인위적인 고환율 유지에 실패하면 고환율에 익숙해진 기업들은 외풍에 쉽게 무너진다. 또한 기업하기 쉽게 하겠다고 법인세를 과도하게 낮춰주면 결국 모자란 세수를 채우기 위해 다른 경제주체의 세금 부담을 높여야 한다. 가뜩이나 실질소득이 정체된 가계를 대상으로 증세를 하면 가계의 가처분소득이 더욱 줄어들어 소비가 감소하고, 그 여파는 결국 기업에게도 부메랑처럼 돌아온다.

저임금 외국인 근로자를 들여오면 인건비가 줄어들어 기업은 더 편하게 장사를 할 수 있겠지만, 결국 양질의 일자리가 줄어들어 소비 기반이 뿌리째 흔들릴 수밖에 없다. 더구나 외국인 근로자는 수십 년의 경험을 통해 이뤄지는 공정 혁신의 주체가 될 수 없기 때문에 결국 우리의 기술력까지 퇴보하게 될 것이다.

지금이라도 정책의 우선순위를 바꾸지 않는다면 우리 경제의 추락을 막기가 쉽지 않을 것이다. 청년 실업이라는 심각한 문제를 청년 개인의 탓으로만 돌리고 정부가 두 손 놓고 있으면 아무런 해법도 보이지 않는다. 기업이 더 편한 환경만 추구하고 도전에 나서지 않는다면, 지금까지 발전해온 경제성장을 고스란히 반납하고서 일본의 20년 장기 불황보다 더 암울한 상황에 처하게 될지 모른다. 추락해가는 우리 경제와 청년들을 구하기 위해 더 늦기 전에 우리 모두의 지혜와 힘을 모아야 할 것이다.

02

한국에서 창업은
왜 위험한 도박이 되었나?

2012년부터 청년 실업률이 걷잡을 수 없이 치솟아 오르자 갈 곳이 없어진 청년들이 창업을 택하고 있다. 사업주가 30대 미만인 신설 법인이 2014년 3,494개로 한 해 전보다 37%나 늘어났다. 정부도 최악의 청년 실업률을 해소하기 위한 방법을 창업으로 보고 적극적으로 창업을 독려하고 있다.

하지만 음식·숙박업 같은 생계형 창업의 경우 1년 안에 절반이 망하고, 5년 뒤까지 살아남을 확률은 고작 17%이다. 자신의 기술을 가지고 창업하는 과학·기술형 창업도 5년 뒤까지 살아남을 확률은 33%에 불과하다.

게다가 우리나라에서는 청년이 창업에 도전하는 것은 자신의 남은 인생을 걸어야 할 만큼 위험천만한 일이다. 한 번만 실패해도 그

후유증을 회복하고 다시 도전하기가 매우 어렵기 때문이다. 실제로 창업 관련 다큐멘터리를 만들기 위해 만났던 한 특허법 교수는 "지금 한국에서 청년에게 창업을 권하는 것은 펴질지 안 펴질지 모르는 낙하산을 메고 벼랑에서 뛰어내리라고 등을 떠미는 것과 같다"고 경고할 정도였다.

패자부활의 기회가
위대한 창업을 만드는 열쇠다

헨리 포드Henry Ford와 월트 디즈니Walt Disney의 공통점이 있다면? 이들은 파산의 아픔을 딛고 일어나 세계 경제를 이끄는 기업을 개척했다는 공통점이 있다. 미국을 대표하는 자동차 기업인 포드 사의 창업자인 헨리 포드는 1899년 몇몇 후원자들의 도움을 얻어 자동차 회사인 '헨리 포드 회사Henry Ford Company'를 만들었다. 하지만 젊은 포드가 완벽주의를 고집하는 바람에 2년 동안 고작 스무 대밖에 생산하지 못했고, 결국 1901년에 파산하고 말았다. 하지만 포드는 이러한 실패를 바탕으로 2년 뒤 포드 자동차 회사Ford Motor Company를 설립해 마침내 세계 자동차 시장을 선도하기 시작했다.

미국의 대표적인 애니메이션 제작자인 월트 디즈니도 파산으로 큰 어려움을 겪었다. 그는 1922년 짧은 광고와 애니메이션을 만드는 회사를 세웠다. 하지만 배급업자에게 사기를 당하는 바람에 납품 대금을 받지 못해 자금난에 빠졌고, 그 결과 회사를 만든 지 1년 만에 파산을 하고 말았다. 하지만 여기서 얻은 경험을 바탕으로 1928년 인류 역사상 가장 성공한 캐릭터인 미키 마우스로 놀라운 재기에 성공했다.

만일 미국에 파산을 극복할 수 있는 효율적인 파산·회생 제도가 없었다면 포드와 캐딜락은 물론 미키 마우스도 등장하지 못했을 것이다. 미국에서는 기업이 파산하더라도 개인의 잘못이 없다면, 우리나라처럼 그 개인에게 무한대의 책임을 물리지 않는다. 이 때문에 기업이 망한다고 해서 창업자의 인생까지 망하는 것이 아니다. 덕분에 미국에서는 쓰디쓴 패배를 밑거름 삼아 세계적인 회사를 키우거나 유명인이 된 사람이 지금도 한두 명이 아니다.

파산한 사람의 미래를 갉아먹는
한국 금융 시스템

최근 들어 한국에서는 파산을 경험한 사람이 재기에 성공해 국내의 굴지 기업이 된 경우조차 찾아보기가 어렵다. 이 같은 차이는 두 나라의 금융 시스템의 차이에서 비롯된다. 우리나라의 금융회사는 파산한 기업만이 아니라 그 창업자에게까지 무한책임을 묻는다. 이 때문에 우리의 금융회사는 창업의 성공 가능성과 같은 것은 따질 필요 없이 단지 창업자에게 충분한 담보만 있으면 돈을 빌려주는 후진적 대출 관행에서 벗어나지 못하고 있다.

이에 반해 미국에서는 돈을 빌려준 금융회사의 '도덕적 해이'에 대해서도 엄중한 책임을 묻기 때문에, 돈을 빌린 사람에게 일방적으로 모든 책임을 지우지 못한다. 따라서 파산을 한 경우에도 기업만 금융회사에 넘기면, 특별한 잘못이 없는 한 창업자에게는 더 이상 책임을 묻지 않는 것이다. 이 같은 금융 시스템은 실패한 창업자가 그 경험을 바탕으로 얼마든지 재기에 도전할 수 있는 기회를 제공하고 있다.

그리고 이처럼 금융회사에 불리한 시스템은 미국의 금융회사들을 더욱 단련시켰다. 그 결과 금융회사들은 돈을 빌린 기업의 상환능력을 검증하고 성공 가능성을 예측하는 첨단 리스크 관리 기법을 발전시킬 수밖에 없게 된 것이다. 우리나라처럼 대출을 받은 창업자에게 평생 무한책임을 지울 수 있는 '편한 환경'에서는 금융회사가 이 같은 첨단 금융 기법을 개발할 이유가 전혀 없다.

성공하는 것이 더 위험한 나라에서는 미래가 없다

설사 뛰어난 제품을 개발해도 우리나라에서는 시장을 장악한 대기업에게서 이를 지키기 또한 쉽지 않다. 일례로 중견기업인 '한미 반도체'는 자체 연구·개발한 첨단 반도체 제작 장비를 삼성전자에 납품했다가, 얼마 지나지 않아 삼성전자의 자회사인 세크론이 비슷한 장비를 납품하는 것을 알게 됐다. 특허 침해를 항의해도 소용이 없자, 한미 반도체는 삼성전자의 자회사를 상대로 한 힘겨운 소송을 시작했다. 결국 2012년 서울중앙지방법원은 특허 침해를 인정하고 21억여 원을 배상하라고 판결했다. 한미 반도체는 30년이 된 건실한 중견기업이었기 때문에 이러한 법정 싸움에서 이길 수 있었지만, 새로 창업한 기업이 대기업을 상대로 싸우기란 결코 쉽지 않은 것이 현실이다.

주로 중소기업이 피해자가 되고 있는 특허법 위반 사건에서 기소율은 2008년 6.8%에서 2012년 3.5%로 낮아졌다. 더구나 어렵게 재판까지 간다고 해도 대기업을 상대로 한 중소기업의 특허 분쟁 승소율은 2009년 45.2%에서 2013년에는 36.6%로 낮아졌다. 이처럼 자신의 아이디어를 보호받기조차 힘든 나라에서 누가 선뜻 창업에 나서겠는가? 대기업이 뛰어들어 중소기업의 시장을 순식간에 장악할 수 있는 나라에서 아이디어 하나만 믿고 창업을 한다는 것은 무모한 도박이나 다름이 없다.

이처럼 아이디어를 홀대하는 척박한 환경에 갇힌 우리나라의 뛰어난 기술자나 연구자들 사이에서는 특허를 차라리 외국의 특허 괴물(Patent Troll, 특허를 매입해 특허소송이나 특허사용료로 수익을 얻는 회사)에게 파는 편이 낫다는 생각이 확산되고 있다. 괜히 창업했다가 돈과 힘을 가진 대기업과 극도로 불리한 싸움을 하다 결국 패배하느니, 차라리 외국의 특허괴물에게 자신의 아이디어를 넘기고 그 값이라도 제대로 받는 편이 더 낫다고 판단하고 있는 것이다. 실제로 한때 미국의 특허 전문 인수회사인 인텔렉추얼 벤처스(IV, Intellectual Ventures)가 우리나라의 대학가와 중소기업을 돌면서 특허를 싹쓸이 해 큰 충격을 주었다. 우리가 발명한 특허를 미국 회사에 로열티Royalty를 주고 써야 하는 한심한 처지가 됐기 때문이다.

왜 미국은 불공정거래에 극약 처방을 내릴까?

새로 창업한 기업의 아이디어가 뛰어나다고 생각하면, 미국 대기업은 그 신규 기업에 거액을 투자하거나 높은 가격을 제시해 회사를 아예 사들이는 방법을 택한다. 때문에 미국의 혁신가들은 아이디어만 좋으면 큰돈을 벌 수 있다는 믿음을 가지고 너도나도 창업에 나서고 있는 것이다. 미국의 대기업들은 한국처럼 중소기업이 내놓은 아이디어와 유사한 상품으로 시장을 장악하는 방법을 모르는 것일까? 그렇지 않다. 미국에서는 중소기업이 개척한 시장을 대기업이 빼앗으려는 시도 자체가 매우 위험하기 때문에 하지 않을 뿐이다.

미국에서 불공정거래 행위가 적발되면 아무리 영향력이 큰 회사라고 하더라도 강력하게 처벌한다. '석유왕'으로 불렸던 록펠러John D. Rockefeller의 스탠더드 오일이 시장 질서를 어지럽힌 사실이 드러나

자, 1911년 미국 법원은 회사를 아예 해체해버렸다. 대기업을 해체하는 것이 지금 당장은 경제에 악영향을 줄 수도 있지만, 장기적으로는 시장 질서를 바로 세워 창업을 촉발시키고 나아가 미국 경제에 더 큰 이익을 줄 것이라는 확신이 있었기 때문이다.

우리는 지금 일자리가 없으니 창업을 하라고 청년들의 등을 떠밀고 있다. 그리고 젊은이는 실패를 두려워하지 말고 과감하게 도전해야 한다며 교과서 같은 구호를 내세운다. 하지만 우리나라에는 패자부활의 기회도 없고, 성공한 중소기업을 보호해줄 공정하고 강력한 시장 감시 시스템도 없다. 이러한 야생의 정글 속에 그대로 청년들을 떠미는 것은 비단 청년들뿐만 아니라 우리 경제 전체에 너무나 위험한 일이다. 창업을 권하는 사회가 되려면 먼저 창업이 성공할 수 있는 토양부터 만들어놓아야 한다. 우리 경제를 되살릴 수 있는 유일한 희망인 '창업'이 오히려 우리 경제를 나락으로 끌고 가는 위기 요인이 되지 않게 하려면 시장의 시스템 보완이 그 무엇보다 시급한 과제다.

벼랑 끝에 몰린 청년,
왜 '붕괴'를 택했나?

2015년 1월 9일, KAIST 미래전략대학원 주최로 '한국인은 어떤 미래를 원하는가'라는 주제의 토론회가 열렸다. 여기서 발제를 맡은 박성원 과학기술정책연구원 박사는 20~34세 청년층을 대상으로 한 설문조사 결과를 발표했다. 그런데 '바라는 미래상이 무엇이냐'라는 질문에 '지속적인 경제성장'이라고 응답한 청년은 23%에 불과한 반면, '붕괴, 새로운 시작'이라는 응답이 무려 42%나 나와서 큰 충격을 주었다. 특히, 청중의 상당수였던 60대 이상 세대들은 이러한 청년들의 생각에 대해 도저히 믿을 수 없다는 반응이었다.

붕괴를 바라는 우리 청년들. 그 충격적인 대답을 접하는 기성세대들은 너무나 참담하고 우리의 미래가 걱정스러울 수 있다. 그러나 역설적으로 우리 청년들이 여전히 '새로운 시작'을 바라고 있다

는 것은 그들의 진취적인 도전 정신이 아직은 식지 않았음을 의미
한다. 비록 지금은 사상 최악의 청년 실업률과 열악한 비정규직의
현실에 시달리고 있지만, 더 나은 삶을 향한 희망을 아직 버리지 않
았다는 이야기다. 만일 우리 청년들이 아무리 노력해도 이제 자신
의 꿈을 이룰 수 없다고 판단하고 미래의 희망을 포기하면, 우리 경
제는 다시는 돌이킬 수 없는 깊은 수렁에 빠지게 될 것이다. 20여
년간의 장기 불황에 길들여진 일본의 청년들이 그 모습을 고스란히
보여주고 있다.

절망의 신인류,
'마쿠도 난민'

2014년, 일본 청년들의 실태를 취재하기 위해 새벽 1시에 도쿄에 있
는 한 맥도날드 매장을 찾아갔다. 밤이 깊었는데도 청년들이 매장
가득 빼곡히 앉아 있었다. 대부분 혼자 매장을 찾은 이들은 100엔
(약 930원)짜리 커피 한 잔을 테이블에 올려놓고 엎드려 자거나 휴
대전화를 보며 조용히 앉아 있었다. 바로 이들이 오랜 불황이 낳은
일본의 신인류 '마쿠도 난민 マクド難民'이다.[3] 마쿠도는 맥도날드의 일
본식 발음인 마쿠도나루도 マクドナルド를 줄인 말이다. 도대체 왜 청년
들이 새벽 시간에 집에도 가지 않고 맥도날드로 몰려들고 있는 것
일까?

280

시간제 일자리를 전전하는 일본 청년들이 임대료가 비싼 도쿄 23구東京23区에 집을 얻기란 쉽지 않다. 그래서 멀리 떨어진 교외에 집을 얻거나 아예 집을 구하지 못한 청년들은 하룻밤에 1,000엔(약 9,300원)에 이용할 수 있는 PC방을 잠자리로 이용하는 경우가 많다. 이마저도 부담스러운 청년들은 100엔짜리 커피 하나로 밤을 지새울 수 있는 맥도날드를 찾는 것이다. 이 때문에 24시간 운영하던 맥도날드 지점들 중에서 새벽 2시 이후 청소를 한다며 잠시 문을 닫는 곳이 늘어나고 있다. 새벽 2시가 되어 매장 문을 닫는다는 음악이 나오기 시작하면 청년들은 조용히 일어나 다른 쉴 곳을 찾아 떠난다.

일본의 오랜 경기 불황으로 가장 큰 타격을 받은 것은 바로 청년들이었다. 1990년에 3.1%였던 청년 실업률이 2008년에는 9.1%까지 치솟았다. 일본 국세청이 발표한 '민간급여실태 통계조사'에 따르면 30~34세까지의 평균 연봉은 1997년 449만 엔(약 4200만 원)에서 2010년에는 384만 엔(약 3600만 원)으로 크게 떨어졌다.[4] 일본 기업들이 경기 불황을 핑계로 정규직 채용을 기피하고 단기 계약직 고용을 늘린 탓에 일본 청년들의 임금이 오히려 하락한 것이다.

더구나 일본 청년들은 정부의 사회안전망에서도 철저히 소외되어 왔다. 일본의 고령화가 점점 가속화되면서, 1990년부터 2010년 사이 노인들의 복지 비용에 투입되는 예산이 해마다 평균 5.9%나 늘어났다. 그 결과 2007년 기준 고령화 관련 복지 지출이 전체 사회보장 지출의 70%를 차지하게 됐다. 일본에서 고령자를 위한 복지 지출액은 육아 등 가족 복지를 위한 지출액의 열 배나 된다. 복지강국 스웨덴의 경우, 고령자 복지 지출이 가족 복지의 세 배 정도에 불과하고, 독일이 네 배 정도인 것과는 매우 대조적이다.

희망이 없어서 행복해요,
'포기'를 택한 일본 청년들

이처럼 기업에 외면당하고 정부에게 버림받은 일본 청년들은 풍요로웠던 이전 세대에 비해 얼마나 불행할까? 그러나, 우리의 생각을 뒤집는 놀라운 결과가 나왔다. 2011년 일본 내각부內閣府에서 '일본 국민 생활 만족도 조사'를 실시했는데, '현재 생활에 만족한다'고 답한 20대 비율이 무려 70%를 넘은 것이다.[5] 일본의 황금기였던 1970년대에 20대 청년들의 만족도가 50%에 불과했던 것에 비하면, 오히려 지금의 청년들이 훨씬 더 현재의 생활에 만족하고 있다. 도대체 일본 청년들에게 무슨 일이 일어난 것일까?

　일본 청년들은 "희망이 없기에 행복하다"고 말한다. 실제로 일본의 청년들은 더 이상 아무것도 탐을 내지 않는 '사토리 세대さとり世代'로 진화하고 있다.[6] '사토리 세대'란 마치 득도得道한 것처럼 욕망을 억제하며 살아가는 일본의 젊은 세대를 일컫는 말이다. 일본의 많은 청년이 절망의 나라에서 살아남기 위해, 스스로를 괴롭히

는 '희망고문'을 그만두고 모든 것을 체념한 채 현실을 있는 그대로 받아들이기로 한 것이다. 이 때문에 이들 사토리 세대는 성공하겠다는 욕망은 물론, 더 좋은 물건을 갖고 싶다는 사소한 욕구까지 모두 버리고 말았다.

사토리 세대의 등장으로 청년들은 마음의 평안을 얻기 시작했지만, 당장 비상이 걸린 것은 기업들이었다. 청년들이 해외여행은커녕 음주까지 줄이면서 내수 시장이 큰 타격을 받은 것이다.

가장 먼저 위기에 직면한 산업은 바로 자동차 산업이다. 일본 자동차공업회의 조사 결과, 일본의 전체 운전 빈도 중 20대 청년들의 운전 비중이 1999년 16%에서 2011년에는 8%로 반 토막이 났다. 심지어 청년들이 운전면허조차 잘 따려하지 않기 때문에, 일본의 자동차 기업들은 운전면허를 따라는 캠페인성 광고까지 해야 했다.

더 큰 문제는 많은 청년이 연애와 결혼에 대해서조차 아예 관심을 잃어가고 있다는 점이다. 시간제 계약직을 전전하는 일본 청년들은 돈이 없어서 이성을 못 만나는 단계를 넘어 아예 해탈^{解脫}의 경지로 넘어가고 있다. 실제로 일본 남성의 경우 50세가 될 때까지 한 번도 결혼을 하지 않는 인구 비율인 '생애 미혼율'이 1980년 2.6%에서 2010년에는 20.1%로 무려 여덟 배 가까이 급증했다. 그 결과 출산율까지 낮아지면서 일본 경제의 활력은 점점 더 약화되어가고 있는 것이다.

청년의 가치를 깨달은 나라만이
살아남는다

정부가 아무리 돈을 풀고 다양한 경기 부양책을 써도 청년이 모든 세속적인 욕망을 버린 나라에서 경제가 되살아나기를 기대하기란 참으로 어려운 일이다. 이제야 일본도 문제의 심각성을 인식하고 대책 마련에 나서고 있지만, 이미 20여 년 동안 철저하게 무너진 청년 정책을 단번에 되돌리기란 쉽지가 않다. 일본은 전례가 없었기에 청년의 몰락을 앞두고도 아무런 조치를 취하지 못했지만, 가까이에서 그 공포스러운 모습들을 고스란히 지켜보면서도 우리가 그 전철을 그대로 밟아간다면 얼마나 한심한 일이겠는가?

도산 안창호 선생은 "낙망落望은 청년의 죽음이요, 청년이 죽으면 민족이 죽는다"며 나라의 미래를 위해 우리 청년들의 중요성을 강조했다. 청년이 우리의 가장 강력한 무기이고, 가장 소중한 자산이며, 가장 확실한 미래 성장 동력이다. 청년의 가치를 깨닫지 못하는 나라는 자멸의 길로 빠져들 수밖에 없다. 제발 더 늦기 전에 이 평범한 진리를 깨달아야 할 것이다.

21세기 최고의 자원,
'청년' 쟁탈전이 시작된다

21세기에 가장 소중하고, 강력하며, 결코 대체할 수 없는 자원이 있다면 그것은 바로 '청년'이다. 최근 200여 년 동안 지속적으로 인구가 폭증해왔기 때문에 청년은 얼마든지 남아도는 자원이라고 착각하기 쉽다. 하지만 2008년을 전후해 거의 모든 선진국에서 15~64세의 생산가능인구 비중이 급격히 감소하기 시작하면서 이제 청년이 가장 희소한 자원이 되어가고 있다. 현재 청년들의 고갈 속도는 어떤 천연자원보다 빠르고, 그 어떤 것으로도 대체가 불가능한 상황이다.

이렇게 청년들이 줄어들면 가장 뛰어난 '청년 자원'을 확보한 나라가 가장 부강한 나라가 되는 시대가 곧 도래할 것이다. 소비의 주체이며 혁신의 원동력인 '청년'은 그 어떤 자원이나 기술로도 결코 대체할 수 없기 때문이다. 그리고 청년들의 감소가 더욱 본격화되면 세계적으로 치열한 청년 쟁탈전이 벌어지게 될 것이다. 국가의 운명을 좌우할 이 거대한 전쟁에서 과연 우리나라는 살아남을 수 있을까?

죽음이 휩쓸고 간 자리에 남은
농노의 가치

아무리 중요한 자원이라도 쉽게 얻을 수 있을 때는 그 가치를 망각하기 쉽다. 결국 잃어버리고 나서야 그 소중함을 절감하게 되는 것이다. 실제로 중세시대 유럽의 '농노(農奴, 봉건제도하에서 장원에 묶여 있던 소작민)'는 모든 생산을 전담하는 경제의 핵심적인 역할을 하고 있었지만, 봉건영주는 물론 농노들 스스로도 자신들의 가치를 깨닫지 못했었다.

  그런데 1347년 10월 시칠리아 메시나Messina 항구에 열두 척의 상선이 도착하면서 이 같은 상황이 송두리째 뒤바뀌었다. 이 선박에는 사타구니나 겨드랑이에 계란 크기의 혹이 나고 피고름을 흘리며 극심한 고통 속에 죽어가는 선원들이 가득 타고 있었다. 깜짝 놀란 메시나 항구의 시민들이 선단을 다시 바다로 추방했지만, 이미 도시에는 역병이 퍼지고 말았다. 이 전염병이 바로 수백 년 동안 유럽을 죽음의 공포로 몰아넣었던 흑사병Black Death이다.

흑사병으로 인한 사망자는 최소 7500만 명에서 최대 2억 명에 이르러, 유럽 전체 인구의 3분의 1이 사라졌다. 이는 전체적인 통계일 뿐이고, 이탈리아나 스페인, 프랑스 남부 등 인구 밀집 지역에서는 전체 주민의 4분의 3이 숨진 곳도 있었다. 그나마 귀족들은 잠시 영지를 떠나 목숨을 보전할 수도 있었지만, 거주 이전의 자유가 없는 농노들은 속수무책으로 죽어갔다.

그런데 흑사병이 휩쓸고 지나간 뒤, 유럽에는 경제적으로 큰 변화가 일어났다. 토지의 가치가 떨어진 대신, 이를 경작하는 농노가 가장 희소하고 중요한 자원으로 떠오르게 된 것이다. 영주들은 남은 농노들을 지키기 위해 더 좋은 조건을 내걸기 시작했고, 농노들의 지위는 크게 향상됐다. 그리고 농노가 가장 귀한 자원으로 바뀐 사실을 먼저 깨닫고 이를 적극적으로 활용한 영주가 새로운 강자로 떠오르기 시작했다.

지금까지 어떤 나라나 지역에서 인구수, 특히 청년 수가 급격히 줄어드는 일은 흑사병과 같은 대재앙 속에서만 일어났다. 그런데 오늘날은 특별한 계기 없이도 전 세계 대부분의 선진국에서 청년 인구가 동시에 줄어드는 충격적인 변화가 시작됐다. 이제 흑사병이 휩쓸고 지나갔던 중세 유럽 대륙처럼 세계 전체의 경제구조가 송두리째 바뀌게 되기 때문에, 그 변화를 간파하고 대비하지 못한 나라들은 몰락을 피하기 어려울 것이다.

청년을 버린 나라는
어떻게 공멸의 길을 걷게 되는가?

청년 인구 감소로 세계에서 초고령화 사회로 가장 먼저 진입한 나라는 이탈리아와 일본, 독일, 이렇게 세 나라였다. 그런데 초고령화 사회로 진입한 이후 이탈리아의 경제성장률은 연평균 −0.6%로 추락했지만, 독일은 여전히 연평균 1.9%의 놀라운 성장률을 기록하고 있다. 도대체 어떤 차이가 이 두 나라의 운명을 가른 것일까?

과거 이탈리아는 노인들의 천국이라고 불릴 만큼 노인 복지가 잘되어 있는 나라였다. 은퇴만 하면 자신이 받던 임금의 최고 80%를 연금으로 받을 수 있었기에 누구나 행복한 노후를 꿈꿀 수 있었다. 더구나 이탈리아의 노인 인구는 전체 인구의 20% 정도인 데 비해 국가 전체 복지 지출 중 60%가 노인층에 집중되어 있었기 때문에, 다른 어떤 유럽 국가보다도 풍족한 노후가 보장되어 있었다.

그러나 이렇게 은퇴세대를 위한 복지에 국가 재원을 집중적으로 쏟아붓는 동안, 복지 투자에서 소외된 청년들의 삶은 점점 더 비참한 상황으로 빠져들었다. 이탈리아 청년 두 명 중 한 명이 실업자일 정도로 청년들의 구직난이 심각했지만, 실업부조와 같은 청년 복지 제도가 미흡한 탓에 청년 실업자들은 사실상 방치되어 있었다. 결국 실업의 고통을 견디다 못한 이탈리아 청년들은 해마다 4만 명씩 일자리를 찾아 해외로 탈출하고 있다.

이처럼 미래의 성장 동력인 청년들이 조국을 등지기 시작하면서 노인만 계속 늘어나던 이탈리아 경제는 더욱 깊은 불황의 늪에 빠지고 말았다. 더구나 이탈리아에서 노인 복지 비용을 감당할 수 있는 청년들이 사라지자, 이탈리아의 자랑이었던 풍족한 연금도 신기루처럼 사라져가고 있다. 결국 청년이 무너지면서 그 여파는 부메랑처럼 기성세대와 노인들의 삶까지 덮쳐, 모두 빈곤의 나락奈落으로 끌어내리고 말았다.

청년이 살아야
우리의 미래도, 당신의 노후도 살아난다

이에 비해 독일은 청년 자원이 고갈되는 초고령화 사회가 다가오자, 가장 먼저 청년에 대한 투자를 확대하기 시작했다. 독일에서는 최장 25세까지 모든 어린이와 청년들에게 우리 돈으로 20만 원 안팎의 '아동수당'을 지급한다. 또한 독일의 대학은 등록금을 받지 않는데도 대학생들은 한 달에 최고 80만 원까지 생활비를 빌릴 수 있다. 빚을 갚을 때는 이자를 내기는커녕 빌린 금액의 절반만 갚으면 된다. 직업학교를 택하면 기술 교육을 받으며, 한 달에 평균 120만 원 정도의 월급을 받을 수 있다. 학교를 졸업한 직후 곧바로 직장을 찾지 못하더라도 실업수당을 받을 수 있고, 취업에 필요한 기술 교육을 받아 더 좋은 직장에 취직할 기회를 가질 수 있다.

이 같은 놀라운 청년 투자가 젊은이 하나하나를 나라의 소중한 인재로 키워내는 중요한 역할을 하고 있다. 그리고 이 인재들이 초고령화 사회로 접어든 독일 경제를 든든하게 지켜주는 파수꾼 역할을 하고 있다. 특히 청년들의 경제적 기반이 든든해지면서 노인 연금을 위한 재원을 확대할 수 있었고, 부동산 등 자산 가격을 지키는 든든한 버팀목이 되어주고 있다. 초고령화 사회에 대비해 발 빠르게 청년에 투자했던 덕분에 기성세대도 그 투자 효과를 톡톡히 누리고 있는 것이다.

이 같은 독일의 상황을 소개하면 늘 두 가지 비판이 뒤따라온다. 첫째, 국민소득이 우리나라보다 훨씬 높은 선진국인 독일을 우리나라와 비교하며 그대로 적용하기는 무리라는 것이다. 둘째, 독일만큼 청년에 투자하려면 국가의 복지 부담이 너무 커져서 감당하기 어렵다는 주장이다. 하지만 객관적으로 꼼꼼히 따져보면 이런 피상적인 주장은 타당하다고 보기 어렵다.

우선 독일이 위와 같은 청년 복지 투자를 시작한 것은 1970년대로, 당시 독일의 1인당 GDP는 현재 우리나라의 10분의 1 수준인 3,000달러 대에 불과했다. 따라서 우리가 독일만큼 부강하지 못해 청년 투자를 할 재정적 여력이 없다는 것은 이치에 맞지 않는다.

또한, 독일만큼 청년 투자를 하려면 국민들의 복지 부담이 너무 커진다는 주장도 설득력이 떨어진다. 2009년을 기준으로 독일과 이탈리아의 GDP 대비 공공복지 지출은 27.8%로 똑같았다. 결국 같은 수준의 공공복지 지출을 하고도 독일은 청년과 기성세대가 상생을 이루는 놀라운 청년 투자에 성공했고, 이탈리아는 노인 복지에만 몰두하다가 청년을 잃고 국가의 미래까지 위협받고 있는 상황으로 몰린 것이다. 결국 두 나라의 차이는 예산 규모의 문제가 아니라 청년 자원에 투자하려는 의지와 노력의 문제이다.

이제 21세기에 가장 중요한 자원은 청년이 될 것이다. 우리가 청년의 소중함을 잊고 몰락의 길을 걷게 될 것인지, 아니면 청년의 가치를 끌어올려 모두가 풍요를 누릴 수 있는 상생의 길을 걸을 것인지는 앞으로 우리가 청년에게 어떻게 투자하느냐에 달려 있다. 청년 인구의 소멸이라는 대재앙을 어떻게 극복할 것인가 하는 결단은 우리나라의 운명을 가르는 아주 중요하고 시급한 문제이다. 이제까지 사람이 최고의 자산이었던 우리나라가 청년 소멸의 위기 앞에서 이대로 손 놓고 있다가는 이탈리아가 걸어온 길보다도 더욱 깊고 어두운 수렁으로 빠져들 수밖에 없을 것이다.

05
청년을 버린 나라는
어떻게 무너지는가?

이제껏 우리 정부는 기업이 살아야 경제를 살릴 수 있다며 '기업하기 좋은 나라' 만들기에 총력을 기울여왔다. 그래서 기업에게 다양한 방식의 비정규직 고용을 허용해준 탓에 비정규직 근로자가 600만 명을 돌파하기에 이르렀고, 비정규직이 늘어나면서 시간당 임금이 정규직의 64% 수준까지 떨어지는 등 그 처우는 점점 더 열악해져 갔다.

이제 새로 취업한 청년 취업자 다섯 명 중 한 명은 1년 이하의 단기 계약직으로 시작하고, 비정규직으로 시작한 근로자 가운데 1년 뒤 정규직으로 전환되는 비율은 고작 11%에 불과하다. 정부가 '기업하기 좋은 나라'를 만드는 데 몰두하는 동안 우리 청년들은 철저히 소외되어 실업의 나락으로 떨어지고 있는 것이다.

상황이 이러한데도 정부는 '기업하기 좋은 나라'를 만들면 청년 실업도 자연스럽게 해결된다는 굳건한 믿음을 고수하고 있는 듯하다. 과연 그 믿음대로 기업부터 살려야 우리 청년들도 살릴 수 있는 것일까? 혹시, 우리 청년부터 살리는 것이 우리 기업도 사는 길은 아닐까?

그리스와 아이슬란드,
같은 시기 다른 대응

그리스와 아이슬란드, 두 나라는 저금리 시대에 천문학적인 돈을 끌어와 위험한 투자를 일삼았다. 덕분에 금리가 낮을 때는 흥청망청 호황을 누릴 수 있었지만, 2008년 글로벌 금융 위기로 신용 경색이 시작되자 한순간에 경제가 나락으로 떨어졌다. 이 두 나라는 거의 동시에 위기를 맞았지만, 두 정부의 대응은 너무나 달랐다.

그리스는 파산 위기에 처한 은행과 대기업을 살리기 위해 남아 있던 재정 여력을 모조리 쏟아부었다. 그 결과 국가재정이 극도로 악화된 그리스는 국민들에게 고통 분담을 요구하며 복지 지출을 거의 절반 수준으로 줄였다. 특히 젊은 세대를 위한 육아와 교육 예산이 최우선적으로 삭감됐다.

게다가 은행과 재벌의 부실 투자를 국가가 대신 갚아주는 바람에 국가 채무가 천문학적으로 늘어났다. 아무런 잘못도 없는 청년들이 부실 기업과 부실 은행을 대신해 천문학적인 빚더미를 갚아야 할 처지가 된 것이다. 결과적으로 그리스 청년들은 복지 혜택을 빼앗기고 앞세대의 빚더미까지 짊어지는 절망적인 상황이 되고 말았다.

그렇다면 그리스는 이 같은 청년들의 희생을 대가로 경제 회생에 성공하기는 했을까? 안타깝게도 2014년 그리스 경제성장률은 0.8%로, 여전히 최악의 경기 침체 속에서 좀처럼 헤어나지 못하고 있다. 사실 자국의 청년들을 경제 위기 극복의 제물로 삼고서 경제가 되살아나기를 기대하는 것은 참으로 어리석은 일이다. 생산성 향상의 주체이자 소비의 기반인 청년들이 힘을 잃으면 그 나라 경제 전체까지 흔들릴 수밖에 없기 때문이다.

주방용품 혁명,
아이슬란드의 청년과 경제를 살리다

같은 시기에 경제 위기를 겪었지만 그리스와는 전혀 다른 선택을 한 나라가 바로 아이슬란드다. 금융 위기가 일어난 직후 아이슬란드 3대 은행의 부채 규모는 최소한 2000억 달러(약 230조 원)가 넘었는데, 이는 당시 아이슬란드 GDP의 열 배에 이르는 엄청난 규모였다. 이처럼 천문학적인 부실 규모에 당황한 아이슬란드 정부는 대규모 국채 발행을 통해 공적 자금을 조성하여 부실화된 은행에 투입하겠다고 발표했다. 그리고 국민들에게 고통 분담을 호소했다.

이때까지만 해도 일단 빚으로 위기를 모면하고 그 빚더미를 미래세대에게 떠넘기려 한 점에서 금융 위기를 당한 여느 나라와 크게 다를 바 없었다.

그러나 아이슬란드 국민들은 미래세대를 경제 회생의 제물로 삼으려는 정부의 계획에 분노했다. 거리로 쏟아져 나온 아이슬란드 시민들은 집에서 가지고 나온 냄비와 솥을 두드리며 시위를 벌였다. 이 때문에 현지 언론들은 이를 '주방용품 혁명(Kitchenware Revolution, 아이슬란드어로는 Busahaldabyltingin)'이라고 불렀다.[7] 아이슬란드 시민들은 민간 은행이나 기업들이 자신들의 탐욕으로 위험한 투기를 벌이다 생긴 부채는 국민들에게 손 벌리지 말고 그들 스스로 책임지도록 해야 한다고 목소리를 높였다. 또한 국채를 발행해 조성한 공적 자금을 부실 은행에 투입한다면, 현 세대의 투기로 인한 손실을 미래세대에게 떠넘기는 것이라며 강력히 반대했다.

금융 위기의 주범으로 지목된 게이르 하르데Geir Haarde 당시 아이슬란드 총리는 국민들이 복지 축소와 국채 발행을 거부하면 국제통화기금IMF의 지원을 받지 못할 것이라며 국민들을 위협했다. 그러나 다음 세대로 빚더미를 떠넘기지 않겠다는 아이슬란드 국민들의 의지는 단호했다. 결국 성난 시민들에 밀려 하르데 총리는 사퇴했고, 투기를 일삼았던 은행들이 스스로 책임을 지도록 내버려두기로 결정했다. 또 은행가와 정치가를 비롯한 90여 명이 금융 위기를 일으켰거나 적절히 대처하지 못했다는 혐의로 기소됐다.

이처럼 금융 위기의 책임을 철저히 물은 아이슬란드 국민들은 경제 위기라는 절체절명의 순간에 청년과 가족 복지를 대폭 확대하고 사회안전망을 강화하는 놀라운 선택을 했다. 실제로 2009년 사회보장 지출은 금융 위기 직전보다 무려 36%나 늘어난 3800억 크로나(3조 1000억 원)로 확대됐다. 그리고 그 예산은 대부분 법인세와 부유층에 대한 증세로 마련했다. 당시 아이슬란드는 우리나라 경제 관료들이 경제를 망치는 짓이라며 결사반대하고 있는 여러 정책들을 총망라한 '정책 패키지'를 단행한 셈이었다.

청년의 가치를 아는 나라만이
위기를 기회로 바꾼다

그렇다면 아이슬란드 경제는 과연 어떻게 되었을까? 강화된 사회안전망 덕분에 아이슬란드 청년들은 누구나 직업훈련을 받고 재취업에 도전할 수 있게 됐다. 그리고 재기에 성공한 청년들이 무너져 가던 아이슬란드 경제에 놀라운 활력을 불어넣었다. 그 결과 2013년 아이슬란드는 유럽 평균을 훌쩍 뛰어넘는 3.5%라는 놀라운 경제성장률을 달성했고, 실업률도 유럽 평균의 절반도 안 되는 4.9%를 기록했다.

　우리나라는 '기업하기 좋은' 환경 만들기에만 몰두한 나머지, 그 과정에서 어려움을 겪는 청년들의 문제를 부수적인 것으로 취급하는 우愚를 범하고 있다. 하지만 우리 경제의 가장 중요한 성장 동력은 바로 청년과 미래세대다. 청년이 무너진 경제에서 기업만 살아남을 수는 없다. 청년이 살아야 기업도 살 수 있다. 청년 인구 자체가 급속도로 줄고 있는 우리나라의 경제를 다시 살리기 위해서는 더 늦기 전에 대대적인 청년 투자에 나서야 한다.

그럼에도 불구하고
희망은 있다

인간이 미래를 내다볼 수 있다면 얼마나 좋을까? 그런데 인간의 심리학에 기초해 인류 역사의 방향을 완벽하게 예측할 수 있는 놀라운 학문인 '심리역사학Psychohistory'이 발표됐다. 이 심리역사학은 사람 한 명의 운명이 어떻게 될지까지는 예측할 수 없지만, 국가나 세계 전체의 미래는 거의 정확하게 내다볼 수 있었다. 대기를 구성하는 분자 하나하나의 움직임은 예측할 수는 없지만, 그 분자들이 모인 대기의 움직임은 예측할 수 있는 것과 같은 이치였다.

이 심리역사학을 처음 고안한 수학자 해리 셸던Hari Seldon은 이를 발표한 직후 그의 연구를 지배 수단으로 활용하려는 정부의 실력자에게 쫓기게 되지만, 다행히 한 방송기자의 도움으로 가까스로 도망을 칠 수 있었다. 그 뒤 심리역사학의 중요성을 깨닫고 연구에 더욱 몰두해 마침내 정교한 심리역사학을 완성하게 된다.

셸던이 이 연구를 통해 예측한 결과, 곧 제국 전체가 멸망한다는 절망적인 미래를 알게 됐다. 더 큰 문제는 찬란한 인류 문명이 사라지고 야만이 판치는 암흑기가 무려 3만 년이나 지속될 것이라는 사실이었다. 그는 이 암흑기를 1,000년으로 줄여 제국의 재건을 앞당기기 위해 제국의 변방에 '파운데이션Foundation'을 건설한다.

이 파운데이션은 야만이 지배하게 된 우주에서 그나마 과학과 문명을 보존한 소중한 문명의 보고寶庫가 됐다. 파운데이션은 몇 번이고 위험에 처하지만 그때마다 셸던의 심리역사학을 토대로 위기를 넘기며 문명 재건을 위해 한 발 한 발 나아가게 된다.

이 매력적인 이야기는 미국의 SF소설가인 아이작 아시모프Isaac Asimov의 대하소설인 『파운데이션』 3부까지의 내용이다. 미국 컬럼비아 대학에서 박사학위를 받은 정통 생화학자인 아시모프는 로봇이 인간에게 해를 끼치지 않고 자신을 보호해야 한다는 내용을 담은 '로봇 공학 3원칙Three Laws of Robotics'을 만든 사람으로도 유명하다. 특히 그의 소설 『바이센테니얼 맨』과 『아이, 로봇』은 이미 영화화되어 우리에게도 매우 친숙하다.

그의 작품 중에서도 『파운데이션』은 로마제국의 흥망사에 기반해 인류 역사를 녹여낸 최대 역작이라고 할 수 있다. 특히 주인공인 해리 셸던이 제국의 멸망을 내다보고 인류를 구하기 위해 고군분투하는 모습은 독자들에게 매우 깊은 인상을 남겼다.

2008년 노벨 경제학상을 받은 미국 프린스턴 대학의 폴 크루그먼 교수는 어린 시절 『파운데이션』을 읽고 경제학자가 되기로 결심한 것으로 유명하다. 그는 해리 셸던 같은 심리역사학자가 되고 싶었지만, 현실에서 심리역사학자 같은 직업을 찾을 수 없었기에 가장 비슷한 경제학자를 택했다고 한다. 실제로 그는 아시아 외환 위기를 3년 앞서 경고한 「아시아 기적의 신화」를 발표했다. 어린 시절 꿈을 비슷하게나마 이루어낸 셈이다.

우리 경제는 지금 한 번도 가보지 않은 길을 향해 빠른 속도로 달려가고 있다. 그동안 우리 경제는 젊은 층의 인구가 급속도로 늘어나는 '인구 보너스'를 한껏 누리며 빠른 성장을 해왔지만, 이제는 젊은 층의 인구가 줄어드는 '인구 오너스' 시대를 맞아 성장의 속도가 급격히 저하되고 있다.

청년세대는 극심한 실업난과 불안한 일자리에 고통을 받고 있다. 당장 끼니조차 잇기 어려운 극심한 빈곤 상태에 놓인 노인들이 빠르게 늘어나면서 노인 빈곤율 또한 전체의 절반 수준인 49%로 OECD 국가 중 최악이다. 직장의 안정성이 흔들리는 중장년층은 불안 속에서 노후를 준비하고 있다.

대외 여건은 더욱 불안하다. 한동안 우리 수출의 견인차였던 중국 경제가 흔들리면서 우리 경제에 그림자를 드리우고 있다. 인구 대국 중국의 생산가능인구 비중이 2012년을 정점으로 점차 줄어들면서 오히려 인구 구조가 성장의 걸림돌이 되고 있다. 특히 중국 자산시장의 거품이 지금 바로 터진다고 해도 이상하지 않을 만큼 부풀어 오르면서 거품 붕괴론이 끝없이 제기되고 있다.

유럽 경제도 만만치 않다. 특히 남유럽 경제가 흔들리기 시작한 이후, 유럽 시장의 성장세가 크게 둔화되고 있다. 게다가 유럽 중앙은행의 양적 완화와 남유럽 위기가 맞물리면서 유로화 가치가 급락했고, 이로 인해 우리나라의 수출 경쟁력은 큰 타격을 받았다. 여기에 유로화 통합이 유로존 경제의 발목을 잡으면서 유로존 위기가 장기화·구조화되고 있다.

이러한 상황에서 경기가 급격히 둔화되기 시작하자, 우리 정부는 금리 인하와 재정지출 확대 등 끝없는 부양책으로 대응을 해왔다. 하지만 아무리 부양책을 써도 우리나라의 경기는 좀처럼 회복되지 않고 있다. 이미 구조적으로 경기 불황이 고착화된 상황에서는 아무리 돈을 풀어도 급격히 얼어붙고 있는 성장 동력을 되살리기는 역부족이다.

이런 최악의 상황에서 미국이 기준금리를 올리기 시작하면 우리 경제는 더 이상 쓸 수 있는 정책 수단이 남아 있지 않게 된다. 미국이 금리를 올리는 현재 상황에서는 우리 금융 당국이 당장 금리를 올리지는 않더라도 최소한 금리를 더 내리는 것은 불가능하다. 더구나 남유럽이 재정 위기로 국가 부도 사태를 낸 것을 목격하고도 지금처럼 정부가 빚을 내서 경기 부양책을 고집하기는 쉽지 않다. 그나마 우리 경제를 지탱해왔던 저금리 정책과 적극적인 재정 정책이 점점 한계점을 향해 달려가고 있는 것이다.

만일 경기를 지탱할 정책적 수단을 모두 소진한 상황에서 경기 불황으로 접어들면 그야말로 속수무책이 될 수밖에 없다. 그러한 최악의 상황에 이르기 전에 경제의 버팀목이 될 중산층을 강화하고 미래세대와 청년에 과감한 투자를 단행해야 하지만, 현재로서는 우리 정부가 그런 결단을 내릴 가능성이 크지 않다.

하지만 이런 상황이 꼭 비관적이기만 한 것은 아니다. 약자가 강자를 따라잡는 대역전은 언제나 위기일 때 더욱 활발하게 일어났기 때문이다. 호황기에는 강자에게 유리한 상황이 강화되기 때문에 좀처럼 역전이 일어나기 어렵지만, 위기 속에서 경제 환경이 급격하게 바뀌게 되면 그동안 약점이었던 것이 오히려 강점이 되기도 하고 새로운 특성이 강자의 덕목으로 떠오르면서 대역전이 일어나게 되는 것이다.

이러한 상황에서 이 책이 비록 해리 샐던의 심리역사학처럼 미래를 완벽하게 내다볼 수는 없을지라도, 적어도 앞으로 다가올 거대한 경제구조의 변화 속에서 살아남아 내일을 준비하는 데 도움이 될 수 있는 작은 단서만이라도 제공했으면 한다. 이를 통해 앞으로 다가올 여러 위기 상황에 대비해 최소한의 안전벨트만이라도 마련할 수 있는 계기를 만들고, 나아가 오늘의 위기를 내일의 기회로 삼을 수 있는 작은 디딤돌이 되기를 바란다.

주석

프롤로그 대한민국 경제, 도대체 무엇이 문제인가?

1) John Cox, "Houdini: A Biography", Wild About Harry, December 2010.
2) 총요소생산성은 전체 생산 증가분에서 노동 투입 증가와 자본 투입 증가를 뺀 것
   으로 기술 발전과 혁신을 가늠하는 중요한 척도이다.

1장 경제 정책 정부는 왜 눈앞에 닥친 위기도 못 보는가?

1) 서옥식, 『오역의 제국-그 거짓과 왜곡의 세계』, 도서출판 도리, 2013.
2) Marcus Walker, "Did Brinkmannship Fell Berlin's Wall? Brinkmann Says It
   Did", The Wall Street Journal, Oct. 21, 2009.
3) Per Bak, *How Nature Works: the Science of Self-Organized Criticality*,
   Copernicus, 1996.
4) The Conference Board, Global Productivity Slowdown Moderated in 2013
   -2014 May See Better Performance, 2014.
5) Lawrence Summers, "Why stagnation might prove to be the new normal",
   The Financial Times, Dec 15, 2013.
6) Joseph Alois Schumpeter, *Business Cycles: A Theoretical, Historical, and Statistical
   Analysis of the Capitalist Process*, Martino Pub, 2005.
7) Nicholas Crafts, The Solow Productivity Paradox In Historical Perspective,
   CEPR Discussion Paper No. 3142, Jan., 2002.
8) 장하준, 『그들이 말하지 않는 23가지』, 도서출판 부키, 2010년.
9) Robert J. Gordon, Is U.S. Economic Growth Over? Faltering Innovation

Confronts the Six Headwinds, NBER Working Paper No. 18315, Aug., 2012.

10) Michael Winter, "Mexico's newest police chief? She's a 20-year-old student" USA Today. Oct. 20, 2010.

11) 김원호 외 5인,「IMF의 구제금융사례연구」, 대외경제정책연구원, 1997년.

12) Penelope Pacheco-Lopez and Thirlwall, "Trade Liberalisation in Mexico: Rhetoric and Reality", Banca Nazionale del Lavoro Quarterly Review, 229, Jun., 2004.
Carlos Salas and Eduardo Zepeda, *Confronting Development*, Stanford: Stanford U. Press, 2003.

13) Dani Rodrik, "Where Did All the Growth Go? External Shocks, Social Conflict, and Growth Collapses," Journal of Economic Growth, Springer, vol. 4(4), pages 385~412, Dec., 1999.

14) Çaglar Özden, Maurice Schiff, "International Migration, Remittances & the Brain Drain", A copublication of the World Bank and Palgrave Macmillan, 2005.

15) 강두용, 변창욱,「경기 부양책의 산업부문별 배분구조와 소득 및 고용창출효과」, 산업연구원, 2009년 5월 8일.

16) Richard H. Thaler, Cass R Sunstein, *Nudge: Improving Decisions about Health, Wealth, and Happiness*, Yale University Press, 2008.

2장 기업 1등만 살아남은 경제는 왜 위험한가?

1) Erkko Autio, *The Finnish Paradox: the Curious Absence of High-growth Entrepreneurship in Finland*, The Research Institute of the Finnish Economy, 2009.

2) https://www.thehenryford.org/exhibits/pic/2014/14_jan.asp

3장 부동산 집, 살 때인가? 팔 때인가?

1) 통계청·한국은행,『국민대차대조표』, 2014년 5월.

2) 손은경, 「가계자산의 포트폴리오 변화 추이와 전망」, KB금융지주 경영연구소, 2013년.

3) Dan Koeppel, "Yes, We Will Have No Bananas", The New York Times, Jun. 18, 2008.

4) Phoebe Sedgman, "There Might Be No Saving the World's Top Banana", Bloomberg Business, Jun. 4, 2015.

5) 단 이사오 지음, 박재현 옮김, 『굿바이 부동산 : 일본 부동산황제 센마사오의 교훈』, 사이몬북스, 2010년.

6) Edward Chanceller, *Devil Take the Hindmost: A History of Financial Speculation*, Plume, 2000.

4장 세금 세금은 군대보다 더 무서운 무기다

1) 'Unconstitutional'의 사전적 번역은 '위헌'이지만 우리 법체계상 '헌법불합치'에 해당한다는 관계 당국의 설명이 있어 헌법불합치로 번역함.

2) 이 칼럼은 2015년 2월 2일 KBS 홈페이지에 게재되었던 칼럼으로, 당시 정부는 기업 상속 공제 확대에 대한 강력한 추진 의지를 피력했으나 다행히도 아직까지는 추진되지 않고 있다.

3) Richard Kogan, Matt Fiedler, Aviva Aron-Dine, and James R. Horney, "The Long-Term Fiscal Outlook Is Bleak Restoring Fiscal Sustainability Will Require Major Changes to Programs, Revenues, and the Nation's Health Care System", CBPP, 2007.

4) Nicholas Kristof, "Reagan, Obama and Inequality", The New York Times, Jan. 21, 2015.

5) 이 제목은 미국 7대 대통령인 앤드루 잭슨Andrew Jackson이 남긴 "은행은 군대보다 더 무서운 무기다"라는 말에 대한 오마주다.

6) Pavel Aleksandrovich Florenskiĭ, *The Pillar and the Ground of Truth*, Princeton University Press, 1997.

7) Fintan O'tool, *Ship Of Fools: How Stupidity And Corruption Sank The Celtic Tiger*, Faber & Faber, 2009.

5장 빚 이미 당신에게는 2000만 원의 빚이 있다

1) Mark Buchanan, *Ubiquity: Why Catastrophes Happen*, Three Rivers Press(CA), 2002.

2) John Cassidy, *How market fail: The Logic of Economic Calamities*, Straus and Giroux, 2009.

3) Richard Dobbs, et al., *Debt and (Not Much) Deleveraging*, McKinsey Global Institute, Feb., 2015.

4) Edward Chancellor, *Devil Take the Hindmost: A History of Financial Speculation*, Plume, Jun. 1, 2000.

5) John Tagliabue, Scandal over Poisoned Wine Embitters Village in Austria, The New York Times, Aug. 2, 1985.

6장 빈부 격차 당신이 아무리 노력해도 부자가 될 수 없는 이유

1) Ruchir Sharma, "The Billionaire Guide to World Growth", The Wall Street Journal, Oct. 8, 2014.

2) 김세직, 「경제성장과 교육의 공정경쟁」, 경제논집: vol. 53(no. 1), 서울대학교 경영연구소, 2014.

3) 자료: 청년유니온

4) Dario Maestripieri, *Games Primates Play*, Basic Books, 2012.

5) Antonio Incorvaia, Alessandro Rimassa, Claudia Franz (Translator), *Generation 1000 Euro: Roman*, Goldmann Verlag, 2007.

6) David Card & Alan B. Krueger, *Myth and Measurement: The New Economics of the Minimum Wage*, Princeton University Press, 1997.

7) BBC, "Minimum wage 'most successful government policy'", Dec. 3, 2010.

8) Daniel Aaronson, Sumit Agarwal, and Eric French. The Spending and Debt Response to Minimum Wage Hikes, Working Paper. Chicago, Ill.: Federal Reserve of Chicago, 2008.

9) Kai Filion, *A Stealthy Stimulus: How Boosting the Minimum Wage is Helping*

to Support the Economy, Washington, D.C.: Economic Policy Institute, 2009.

10) Alan Blinder and William J. Baumol, *Economics: Principles and Policy 10th edition*, South Western Educational Publishing, 2006.

11) Era Dabla-Norris et al, "Causes and Consequences of Income Inequality: A Global Perspective", IMF, Jun., 2015.

12) Robert B. Reich, *Aftershock: The Next Economy and America's Future*, Vintage, 2011.

13) Lisa Cameron, *Raising the Stakes in the Ultimatum Game: Experimental Evidence From Indonesia*, Oxford University Press, 1999.

14) Jess Benhabib, and Aldo Rustichini, "Social Conflict, Growth and Inequality", C.V. Starr Center for Applied Economics, New York University, Faculty of Arts and Science, Department of Economics, 1991.

15) Yiannis P. Venieris and Dipak K. Gupta, "Income Distribution and Socio-Political Instability as Determinants of Savings: A Cross-Sectional Model.", Journal of Political Economy, Vol. 94, No. 4. Aug., 1986.

16) Alberto Alesina and Roberto Perotti, Income distribution, political instability, and investment. European Economic Review 40(6): 1203-1228, 1996.

17) Matthew Lynn, *Bust: Greece, the Euro and the Sovereign Debt Crisis*, Bloomberg (UK), 2010.

18) Marcus Walker, "Tragic Flaw: Graft Feeds Greek Crisis", The Wall Street Journal, Apr. 15, 2010

7장 복지 복지는 분배가 아닌, 성장의 열쇠다

1) Joanne Rowling, "Single Mother's Manifesto", The Times, Apr. 14, 2010.

2) 박승준, 이강구, 「재정의 경기 안정화 효과 분석 - 자동안정화 장치를 중심으로」, 국회예산정책처, 2011.

3) 물가 상승률을 가속화시키지 않으면서 달성할 수 있는 최대 생산능력인 잠재 GDP와 실질 GDP의 격차.

4) Paul van den Noord, "The Size and Role of Automatic Fiscal Stabilizers in the

1990s and Beyond", OECD Economics Department Working Papers, No. 230, OECD, 2000.

5) Alberto Alesina and Roberto Perotti, Income distribution, political instability, and investment. European Economic Review 40(6): 1203-1228, 1996.

6) Roland Benabou, "Inequality and growth", NBER macroeconomics annual ed., Cambridge, 1996.

7) BIG Coalition Namibia, "Making the difference! The BIG in Namibia", Basic Income Grant Pilot Project Assessment Report, Apr., 2009.

8) Nathalie Beghin, "Notes on inequality and poverty in Brazil: Current situation and challenges". Oxfam International, June 14, 2008.

9) Lawrence J. Schweinhart, "Benefits, Costs, and Explanation of the High/Scope Perry Preschool Program," Paper presented at the Meeting of the Society for Research in Child Development, Tampa, Florida, Apr. 26, 2003.

8장 인구 인구 감소가 가져온 최악의 경제 불황

1) Peter F. Drucker, *The Essential Drucker: The Best of Sixty Years of Peter Drucker's Essential Writings on Management*, HarperBusiness Jul. 22, 2008.

2) Panos Mourdoukoutas, "What the Japanization of the World Economy means for Stocks, Bonds, and Commodities", Forbes, Jul. 29, 2011.

3) William P. Sterling and Stephen R. Waite, *Boomernomics*, Ballantine Books, 1998.

4) Aristotle, Carnes Lord(Translator), *Aristotle's "Politics": Second Edition*, University Of Chicago Press, 2013.

5) Peter Green, *Alexander to Actium: The Historical Evolution of the Hellenistic Age*, University of California Press, 1993.

6) NHK無緣社會プロジェクト取材班, 『無緣社會 無緣死三万二千人の衝擊』, 文春新書, 2010年.

7) 문형표 외, 「인구 구조 고령화의 경제·사회적 파급효과와 대응과제」, 《경제·인문 사회연구회 협동연구 총서》, 한국개발연구원, 2006년 12월.

8) Elod Takáts, "Ageing and Asset Prices," BIS Working Papers, No.318, Aug., 2010.

9장 청년 21세기 가장 소중하고 강력한 자원, 청년

1) John W. Miller, "The $200,000-a-Year Mine Worker", Wall Street Journal, November 16, 2011.
2) Eytan Meyers, *International Immigration Policy: A Theoretical and Comparative Analysis*, Palgrave Macmillan, 2007.
3) 朝日新聞, 「マクド難民」街をさまよう　失業者たちの遠い夜明け, 朝日新聞社, 2013.
4) 노지현, '일본 2030 라이프스타일', 동아일보, 2013년 5월 24일.
5) 古市憲寿, 絶望の國の幸福な若者たち, 講談社, 2011.
6) 朝日新聞, "さとり世代'浸透中　車乗らない'恋愛は淡泊…　若者気質'ネットが造語", 朝日新聞社, 2013.
7) Ian Parker, Letter from Reykjavík, "Lost," The New Yorker, Mar. 9, 2009.

에필로그 그럼에도 불구하고 희망은 있다

1) 생산가능인구 비중이 하락하면서 경제성장이 지체되는 현상

참고문헌

- Aaronson D., Agarwal S., French E., The Spending and Debt Response to Minimum Wage Hikes, Working Paper. Chicago, Ill.: Federal Reserve of Chicago, 2008.
- Alesina A., Perotti R., Income distribution, political instability, and investment. European Economic Review 40(6): 1203-1228, 1996.
- Aristotle, Carnes Lord(Translator), *Aristotle's "Politics": Second Edition*, University Of Chicago Press, 2013.
- Autio E., *The Finnish Paradox: the Curious Absence of High-growth Entrepreneurship in Finland*, The Research Institute of the Finnish Economy, 2009.
- Bak P., *How Nature Works: the Science of Self-Organized Criticality*, Copernicus, 1996.
- Beghin N., "Notes on inequality and poverty in Brazil: Current situation and challenges". Oxfam International, June 14, 2008.
- Benabou R., "Inequality and growth", NBER macroeconomics annual ed., Cambridge, 1996.
- Benhabib J., Rustichini A., "Social Conflict, Growth and Inequality", C.V. Starr Center for Applied Economics, New York University, Faculty of Arts and Science, Department of Economics, 1991.
- BIG Coalition Namibia, "Making the difference! The BIG in Namibia", Basic Income Grant Pilot Project Assessment Report, Apr., 2009.
- Blinder A. Baumol W. J., *Economics: Principles and Policy 10th edition*, South Western Educational Publishing, 2006.

- Buchanan M., *Ubiquity: Why Catastrophes Happen*, Three Rivers Press(CA), 2002.

- Cameron L., *Raising the Stakes in the Ultimatum Game: Experimental Evidence From Indonesia*, Oxford University Press, 1999.

- Card D., Krueger A. B., *Myth and Measurement: The New Economics of the Minimum Wage*, Princeton University Press, 1997.

- Cassidy J., *How market fail: The Logic of Economic Calamities*, Straus and Giroux, 2009.

- Chanceller E., *Devil Take the Hindmost: A History of Financial Speculation*, Plume, Jun., 2000.

- Cox J., "Houdini: A Biography". Wild About Harry. December 2010.

- Crafts N., The Solow Productivity Paradox In Historical Perspective, CEPR Discussion Paper No. 3142, Jan., 2002.

- Dabla-Norris E. et al, "Causes and Consequences of Income Inequality: A Global Perspective", IMF, Jun., 2015.

- Dobbs R, et al., *Debt and (Not Much) Deleveraging*, McKinsey Global Institute, Feb., 2015.

- Drucker P. F., *The Essential Drucker: The Best of Sixty Years of Peter Drucker's Essential Writings on Management*, Harper Business Jul. 22, 2008.

- Filion K., *A Stealthy Stimulus: How Boosting the Minimum Wage is Helping to Support the Economy*, Washington, D.C.: Economic Policy Institute, 2009.
  Florenskiï P. A., *The Pillar and the Ground of Truth*, Princeton University Press, 1997.

- Gordon R. J., Is U.S. Economic Growth Over? Faltering Innovation Confronts the Six Headwinds, NBER Working Paper No. 18315, Aug., 2012.

- Green P., *Alexander to Actium: The Historical Evolution of the Hellenistic Age*, University of California Press, 1993.

- Incorvaia A., Rimassa A, Franz C.(Translator), *Generation 1000 Euro: Roman*, Goldmann Verlag, 2007.

- Kogan R et al, "The Long-Term Fiscal Outlook Is Bleak Restoring Fiscal

Sustainability Will Require Major Changes to Programs, Revenues, and the Nation's Health Care System", CBPP, 2007.

- Lynn M., *Bust: Greece, the Euro and the Sovereign Debt Crisis*, Bloomberg (UK), 2010.
- Maestripieri D., *Games Primates Play*, Basic Books, 2012.
- Meyers E., *International Immigration Policy: A Theoretical and Comparative Analysis*, Palgrave Macmillan, 2007.
- Mourdoukoutas P., "What the Japanization of the World Economy means for Stocks, Bonds, and Commodities", Forbes, Jul. 29, 2011.
- NHK無縁社會プロジェクト取材班, 『無縁社會 無縁死三万二千人の衝撃』, 文春新書, 2010年.
- Noord P., "The Size and Role of Automatic Fiscal Stabilizers in the 1990s and Beyond", OECD Economics Department Working Papers, No. 230, OECD, 2000.
- O'tool F., *Ship Of Fools: How Stupidity And Corruption Sank The Celtic Tiger*, Faber & Faber, 2009.
- Ozden C., Schiff M., "International Migration, Remittances & the Brain Drain", A copublication of the World Bank and Palgrave Macmillan, 2005.
- Pacheco-Lopez P. and Thirlwall, "Trade Liberalisation in Mexico: Rhetoric and Reality", Banca Nazionale del Lavoro Quarterly Review, 229, Jun., 2004.
- Reich R. B., *Aftershock: The Next Economy and America's Future*, Vintage, 2011.
- Rodrik D., "Where Did All the Growth Go? External Shocks, Social Conflict, and Growth Collapses," Journal of Economic Growth, Springer, vol. 4(4), Dec., 1999.
- Rowling J., "Single Mother's Manifesto", The Times, Apr. 14, 2010.
- Salas C., Zepeda E., *Confronting Development*, Stanford U. Press, 2003.
- Schumpeter J. A., *Business Cycles: A Theoretical, Historical, and Statistical Analysis of the Capitalist Process*, Martino Pub, 2005.
- Schweinhart L. J., "Benefits, Costs, and Explanation of the High/Scope Perry Preschool Program," Paper presented at the Meeting of the Society for

Research in Child Development, Tampa, Florida, Apr. 26, 2003.

- Sedgman P., "There Might Be No Saving the World's Top Banana", Bloomberg Business, Jun. 4, 2015.
- Sharma R., "The Billionaire Guide to World Growth", The Wall Street Journal, Oct. 8, 2014.
- Sterling W. P., Waite S. R., *Boomernomics*, Ballantine Books, 1998.
- Takáts E., "Ageing and Asset Prices," BIS Working Papers, No.318, Aug., 2010.
- Thaler, Richard H., Sunstein, Cass R. *Nudge: Improving Decisions about Health, Wealth, and Happiness*, Yale University Press, 2008.
- The Conference Board, "Productivity Brief 2015, Global Productivity Growth Stuck in the Slow Lane with No Signs of Recovery in Sight", 2015.
- The Conference Board, Global Productivity Slowdown Moderated in 2013 — 2014 May See Better Performance, 2014.
- Venieris Y. P., Gupta D. K., "Income Distribution and Socio-Political Instability as Determinants of Savings: A Cross-Sectional Model.", Journal of Political Economy, Vol. 94, No. 4. Aug., 1986.
- 강두용, 변창욱, 「경기 부양책의 산업부문별 배분구조와 소득 및 고용창출효과」, 산업연구원, 2009년 5월 8일.
- 古市憲寿, 『絶望の國の幸福な若者たち』, 講談社, 2011.
- 김세직, 「경제성장과 교육의 공정경쟁」, 경제논집: vol. 53(no. 1), 서울대학교 경영연구소, 2014.
- 김원호 외 5인, 「IMF의 구제금융사례연구」, 대외경제정책연구원, 1997년.
- 단 이사오 지음, 박재현 옮김, 『굿바이 부동산 : 일본 부동산황제 센마사오의 교훈』, 사이몬북스, 2010년.
- 문형표 외, 「인구 구조 고령화의 경제·사회적 파급효과와 대응과제」, 《경제·인문 사회연구회 협동연구 총서》, 한국개발연구원, 2006년 12월.
- 박승준, 이강구, 「재정의 경기 안정화 효과 분석-자동안정화 장치를 중심으로」, 국회예산정책처, 2011.
- 서옥식, 『오역의 제국-그 거짓과 왜곡의 세계』, 도서출판 도리, 2013.

- 손은경, 「가계자산의 포트폴리오 변화 추이와 전망」, KB금융지주 경영연구소, 2013년.
- 장하준, 『그들이 말하지 않는 23가지』, 도서출판 부키, 2010년.
- 통계청·한국은행, 『국민대차대조표』, 2014년 5월.

KI신서 6222

박종훈의 대담한 경제

1판 1쇄 발행 2015년 10월 12일
1판 12쇄 발행 2019년 10월 21일

지은이 박종훈
펴낸이 김영곤 박선영
펴낸곳 ㈜북이십일 21세기북스

출판사업본부장 정지은 인문기획팀장 장보라
책임편집 양으녕 디자인 씨디자인
마케팅2팀 배상현 김윤희 이현진
출판영업팀 한충희 김수현 최명열 윤승환
홍보팀 이혜연 최수아 문소라 전효은 김선아 양다솔 박지연
제작팀 이영민 권경민

출판등록 2000년 5월 6일 제406-2003-061호
주소 (우 10881) 경기도 파주시 회동길 201(문발동)
대표전화 031-955-2100 팩스 031-955-2151 이메일 book21@book21.co.kr

(주)북이십일 경계를 허무는 콘텐츠 리더

21세기북스 채널에서 도서 정보와 다양한 영상자료, 이벤트를 만나세요!
장강명, 요조가 진행하는 팟캐스트 말랑한 책 수다 <책, 이게 뭐라고>
페이스북 facebook.com/jiinpill21   포스트 post.naver.com/21c_editors
인스타그램 instagram.com/jiinpill21   홈페이지 www.book21.com
유튜브 youtube.com/book21pub
서울대 가지 않아도 들을 수 있는 명강의! <서가명강>
네이버 오디오클립, 팟빵, 팟캐스트에서 '서가명강'을 검색해보세요!

ⓒ 박종훈, 2015

ISBN 978-89-509-6169-5 03320